DIE NATÜRLICHEN LANDSCHAFTEN DER SUDETENLÄNDER

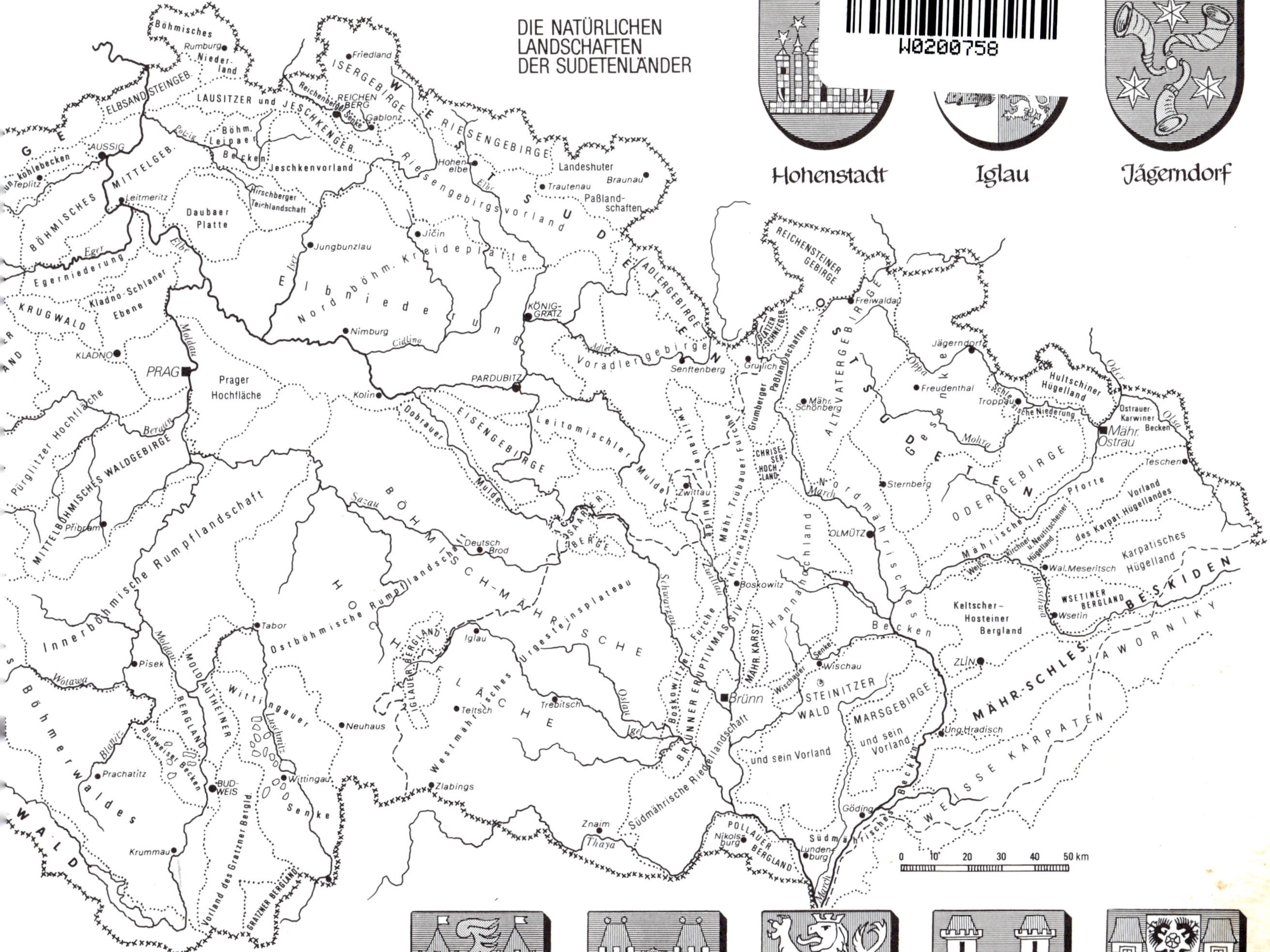

Hohenstadt

Iglau

Jägerndorf

Kaaden

Kaplitz

Karlsbad

Komotau

Krummau a.d.Mold.

Ernst Schremmer

SUDETENLAND

Kein schöner Land in jener Zeit

Ernst Schremmer

SUDETENLAND

Kein schöner Land in jener Zeit

Doppelband mit 144 Großfotos
und 70 Zeichnungen

FLECHSIG

Titelbild: Kolonnade (Brunnenhalle) in Marienbad
Karten auf Vor- und Nachsatz: Ernst R. Döring

Sonderausgabe für Flechsig-Buchvertrieb
in der Stürtz Verlag GmbH, Würzburg

Printed in Germany
ISBN 3-8818-9151-X

LAND AUS DREI LÄNDERN

Die Sudetenländer, die Historischen Länder, die Kronländer, die Böhmischen Länder, wie immer man sie nennen mag, seit tausend Jahren gehören sie zusammen. Es ist ein Land aus drei Ländern. Die unterschiedlichen Namen weisen auf unterschiedliche Herkunft hin: Böhmen ist benannt nach den keltischen Bojern, deren Stammesbezeichnung die nachfolgenden Germanen für das Land übernahmen und auch auf das Land und den Stamm der Bayern (Baihaim, Bajuwaren) übertrugen. In des Tacitus „Germania" lesen wir zum ersten Mal „Boihaemum". Aus „Baihaim" über „Beham" führte es zur heutigen Sprachform. Für die Tschechen hingegen wurde aus ihrer stammesgeschichtlichen und politischen Entwicklung heraus der Name Čechy der bestimmende: Er bezeichnet Land und Volk (Čechy = Böhmen; Češi = die Tschechen, das tschechische Volk). Denn vieles, was an Landschaft und Geschichte zwei Völkern seit langem gemeinsam ist, Böhmen und böhmisch heißt und ist, ist eben nicht gleich tschechisch. Damit ist eine entscheidende nationale und zwischenvolkliche Problematik angesprochen. So nannten sich die Deutschen Deutschböhmen — zur Unterscheidung von den „tschechischen" Böhmen — ein Wort, das schon im 16. Jahrhundert in der Selbstbezeichnung des humanistischen Arztes und Dichters Georg Handsch von Limus aus Böhmisch Leipa als „Germanicobohemus" auftaucht.
Der Name für das Land Mähren ist aus dem keltischen Namen für den Fluß March übernommen (im Lateinischen Moravia, im Tschechischen Morava für Fluß und Land). Im Deutschen, wie im Tschechischen und Polnischen, ist „Schlesien" eine Ableitung von den germanischen Silingen, einem wandalischen Teilstamm.
Die Deutschen nannten sich „Deutschböhmen" bzw. „Deutschmährer"; zur Unterscheidung von den preußischen Schlesiern sprach man nach der Teilung des Landes von „Österreichisch-Schlesien" oder „Sudetenschlesien".

Einen zusammenfassenden, knappen Namen gab es erst seit dem Anfang des Jahrhunderts, als sich, auf Anregung des Wanderlehrers Franz Jesser, statt des umständlichen „Die Deutschen aus Böhmen, Mähren und Schlesien" die Bezeichnung „Sudetendeutsche" durchsetzte. Der Begriff entstand in Anlehnung an „Alpendeutsche" oder „Karpatendeutsche" als Gemeinschaftsbegriff für einen durch Geschichte und gemeinsames Schicksal zusammengewachsenen Stamm aus den Stämmen des Böhmerwaldes, des Egerlandes, des Riesengebirges, Südmährens, Nordmährens und Schlesiens.
Die Sammel- und Schicksalsbezeichnung gewann internationale Bedeutung, als sie, nicht zuletzt durch Dr. Karl Renner, den späteren ersten Bundeskanzler Deutsch-Österreichs und ersten Bundespräsidenten der Republik Österreich nach 1945, einen Südmährer, in die Verhandlungen von St. Germain eingebracht wurde, die er für das gesamte „alte" Österreich führte.
„Sudetenland" hat nur zweimal staatspolitisch für kurze Zeit eine Rolle gespielt: 1918/1919 als selbstgewählte und dem

Herrnhausfelden bei Steinschönau

Alternativnamen „Altvaterland“ vorgezogene Benennung der Provinz in den östlichen Sudeten, die zu Österreich wollte, und 1938—1945 als Name für den Gau. Die Bezeichnungen „sudetendeutsch“ und „Sudetenland“ werden als sinnvoll und zweckmäßig verwendet, da sie sonst durch Umschreibungen ersetzt werden müßten.
„Sudetenland“ steht auch in diesem Werk für die Länder im Sudetenraum, die „Sudetenländer“. Das weist auf alte Vokabeln zurück. Findet sich doch schon auf der griechischen Karte des Ptolemäus „Sudeta ore“ (= Wildschweingebirge) für die Berge unserer Heimat. Was dieses Buch an Beispielen und Bildern zeigt, berichtet vom deutschen Anteil an einer gemeinsamen, in manchem Jahrhundert glücklichen Geschichte.

BERGE UND BODENSCHÄTZE

Die Mittelgebirge, die die Sudetenländer umsäumen, und die Böhmisch-Mährische Höhe bestehen aus Urgestein, aus Gneis, Granit und Glimmerschiefer. Nur das Elbsandsteingebirge und das Lausitzer Gebirge, auf dem vulkanisches Gestein aufsitzt, sind Sandsteinformationen. Im Elbsandsteingebirge, in den Felsenstädten Adersbach und Wekelsdorf und im Böhmischen Paradies regte seit Urgedenken eine abwechslungsreiche Fülle sonderbarster Felsgestaltungen die menschliche Phantasie an.

Das Prebischtor im Elbsandsteingebirge

Quer durch Böhmen zieht sich in verschiedener Breite eine Kette vulkanischer Kegel. Das beginnt ganz flach zwischen Eger und Franzensbad mit dem Kammerbühl, der Goethes geologische Interessen in hohem Maße weckte, und steigert sich über die Duppauer Berge zum Böhmischen Mittelgebirge. Unüberschaubar ist die Zahl der vulkanischen Kuppen und Berge. Im Niederen Gesenke finden sich letzte Ausläufer bis zum kleinen Steinberg, der Kamena Hora, vor Troppau. Eine der interessantesten vulkanischen Formationen ist der Herrnhausfelsen bei Steinschönau, seiner imposanten Basaltsäulen wegen im Volksmund „Steinorgel“ genannt.
Mit nur 459 m ragt der St. Georgsberg, wegen seiner geographischen Lage auch Raudnitzer Berg genannt, in die fruchtbare Ebene Nordböhmens an der Elbe. Landschaftlich und geschichtlich mag der von einer romanischen Rotunde gekrönte Basaltberg mit dem Zobten oder Siling in Schlesien verglichen werden. Sein tschechischer Name „Řip“ kommt vom Germanischen „rip“ für Berg. Gewiß wird es hier schon ein germanisches Heiligtum gegeben haben. Doch heilig ist er vor allem den Tschechen geworden. Nach deren Geschichtslegende soll er die Keimzelle der slawischen Landnahme gewesen sein, habe doch Urvater Čech, die Schönheit und den Reichtum Böhmens von hier erschauend, den Beschluß gefaßt, vom Lande Besitz zu nehmen.
In Süd- und Mittelmähren herrscht in den Bereichen des Mährischen Karstes nördlich von Brünn und den Pollauer Bergen der Kalkstein vor. Auch die Tropfsteinhöhlen im Altvaterbergland weisen auf Kalksteinbestände hin.
Bedingt die geologische auch die landschaftliche Vielfalt, so bildet sie erst recht die Voraussetzung für den Reichtum an

Bodenschätzen. Zahlreiche Ortsnamen, wie Silberbach, Zinnwald, Graupen, Bleistadt, Kupferberg und die vielen Namen mit Gold, erinnern an den Ursprung von Reichtum und Tätigkeit im Mittelalter, der Böhmen, Teile Mährens und der schlesischen Berge zu Zentren des Bergbaus gemacht hat. Mit dem Namen Böhmens verbinden sich beliebte Fundstücke und deren Verarbeitung in Kunst und Schmuckgewerbe: böhmische Halbedelsteine, böhmische Granate. Was auf und unter der Erde wuchs, ernährte die Leute, förderte die Kultur: Gestein, Holz, Graphit, Kaolin, ebenso die Früchte der Felder vom Hanf bis zu den Zuckerrüben. Braunkohle im Egergraben und unter dem Erzgebirge, Steinkohle im Pilsner und Nürschaner Becken, bei Schatzlar und, von hoher Qualität, im Ostrauer Revier sind der Grundstoff für die Industrie und Energie.
Alles, was mit dem vulkanischen Untergrund zusammenhängt, ließ und läßt sich segensreich ausbeuten. Die heißen Quellen, die eisenhaltigen und die Sauerbrunnen mehrten den Reichtum und vermehrten die Anziehungskraft vieler Orte. Zu den „böhmischen" Bädern kamen zumal im vorigen Jahrhundert eine Reihe schlesischer, übrigens auf beiden Seiten der Sudetenberge, hinzu. Dabei darf man das Moor als heilendes Bodenprodukt nicht vergessen.
An zwei Stellen begegnet man dem Urzeitlichen und ahnt unheimliche Gründe am unmittelbarsten. Die eine ist weltberühmt: ein Geysir, als Karlsbader Sprudel bekannt, mit 72 Grad Celsius eine der heißesten Quellen im Tepltal. Die viel unscheinbarere, jedoch nicht weniger interessante ist die Soos im Naturschutzgebiet bei Franzensbad. Hier quillt das mineralische Gas aus der sumpfigen Erde.

„Der Elbfall" – Stahlstich von Ludwig Richter

FLÜSSE UND WASSERSCHEIDEN

Alle Flüsse Böhmens, mit Ausnahme der Görlitzer oder Lausitzer Neiße, münden über die Moldau und die Elbe letztlich in die Nordsee. Das gilt auch für die Spree, deren böhmischer Verlauf freilich kurz ist und die weit im Norden über die Havel zur Elbe kommt. Von allen Flüssen Böhmens haben nur die Eger und die Kalte Moldau ihren Ursprung nicht im Lande. Ein Blick auf die Landkarte macht den alten Einwand verständlich, der wie eine Hauptader das Land nordwärts durchziehende Strom müßte bis nach Hamburg Moldau und nicht Elbe heißen. Denn die Moldau, die oberhalb Rosenbergs sich nach Norden wendet und von Budweis an schiffbar war, hierauf ihren Weg durch die Hauptstadt Prag nimmt, sie malerisch umschlingend, ist bis zur Mündung bei Melnik der wasserreichere und, mit 435 gegen 400 Kilometer, der längere Fluß.

Beide, Moldau und Elbe, haben als Wasserstraßen längst an Bedeutung eingebüßt. Romantische Vorstellungen weckte es, wenn man noch bis zum Zweiten Weltkrieg von der Prager Karlsbrücke lange Flöße beobachten und sich vorstellen konnte, wie viele Tage sie vom Böhmerwald bis zur unteren Elbe brauchten.

Tunnel des Schwarzenbergkanals bei Hirschbergen

Immer wieder wurden große Projekte entwickelt, Süd und Nord und die mitteleuropäischen Stromsysteme miteinander durch Kanäle zu verbinden. Die bayerisch-böhmisch-sächsische Lösung sah einen Kanal von der Donau zur Elbe, die österreichisch-schlesische den Weg zwischen Donau und Oder vor. Konkurrenzgründe, politische und staatliche Hindernisse haben die Verwirklichung beider Projekte verhindert.

Eine Verbindung, wenn auch bescheideneren Ausmaßes, kam zustande: der heute noch bestehende, nicht mehr benützte Schwemmkanal, Schwarzenberger Schwemmkanal nach den Auftraggebern genannt. Nach Plänen Josef Rosenauers wurde er von 1789 bis 1821 gebaut. In 52 km Länge ermöglichte er den Holztransport vom Dreisesselberg auf der böhmischen Seite zur Mühl in Niederbayern, somit von der Moldau zur Donau. Allgemein bewunderte man den 419 Meter langen Kanaltunnel bei Hirschbergen.

Die Hauptwasserader Mährens, die March, hat dem Land den Namen gegeben. Sie entspringt unter dem Spieglitzer Schneeberg. Ihre Quellenhöhe von 1263 m liegt zwischen der im Elbbrunnen gefaßten Elbquelle (1384 m) und der Quelle der Warmen Moldau (1179 m). Bald unter den Elbwiesen stürzt sich die ganze junge Elbe in den malerischen Fall, der allerdings nur von Zeit zu Zeit, damit er ansehnlich wirkt, aus der kleinen Schleuse gelassen wurde.

Die March führt die meisten Gewässer Mährens bei der Grenzburg Theben oberhalb Preßburgs der Donau und durch sie dem Schwarzen Meer zu. Die Mährische Pforte als tiefster Punkt der Europäischen Hauptwasserscheide trennt die Nebenflüsse der March (Betschwa) von der oberen Oder, die Gewässer, die zum Schwarzen Meer fließen, von denen, die die Ostsee aufnimmt. Gar nicht so weit vom Ursprung der Oder, nach Osten hin, entspringt im ehemaligen Ostschlesien, in den Westbeskiden, die Weichsel. Auch solche geographischen Überlegungen veranschaulichen die Lage der Sudetenländer im Herzen Europas.

Urwaldpartie am Kubani

AUS WILDER WURZEL

Eines der eindrucksvollsten und lehrreichsten Naturschutzgebiete ist der Kubani im Böhmerwald bei Winterberg. Hier wurde viel früher als anderswo die gewachsene Natur ungestört belassen. Der damalige Fürst Schwarzenberg hat dieses Stück Wald zum Naturschutzgebiet erklärt; es ist gewissermaßen ein künstlicher Urwald. Doch erhält man hier zugleich eine Vorstellung davon, wie es in weiten Bereichen der Sudetenländer ausgesehen hat, bevor sie von den ins Land geholten Besiedlern „aus wilder Wurzel" gerodet wurden.
Die Sprachenkarten mit ihren vielzackigen Grenzen zwischen den beiden Völkern, Übergängen, Ausbuchtungen, Inseln spiegeln die Besiedlung durch Städtegründungen und die Rodung aus wilder Wurzel wider. Im Laufe der Geschichte, wie nach den Hussitenkriegen und dem Dreißigjährigen Krieg, sind nicht unbedeutende Veränderungen durch Nach- und Neubesiedlung festzustellen. Im allgemeinen aber erklärt sich die innersudetische Nationalitätenkarte aus der unterschiedlichen Einstellung zum vorgefundenen Land.

Holzhäuser in Wallern

Zumeist in den Ebenen saßen die nach der Völkerwanderung eingeströmten Slawen. Die Deutschen hingegen hatten von den gebirgigen Randlandschaften mit weniger fruchtbarem Boden, den sie sich mühsam dienstbar machen mußten, friedlich Besitz ergriffen. Den Zusammenhang mit der allgemeinen mittelalterlichen Siedlungsgeschichte sieht der Prager Germanist Ernst Schwarz in seiner Schrift „Sudetendeutsches Schicksal im Lauf der Jahrhunderte" so: „Dem Priester und Kaufmann war der Ritter nach Böhmen gefolgt. Man schätzte seine Kriegskunst und Tapferkeit. Auch im Rate des Herzogs nahm er eine Stelle ein. Die Kaufmannszüge hatten seit dem 7. Jahrhundert die Verbindung mit dem Westen hergestellt. Nun erhielten die Kaufleute, die man schätzte und brauchte, Privilegien." Im Aufbau des Landes durch deutsche Siedler sieht der Forscher auch eine Folge des Wettlaufs mit den schlesischen Piastenherzögen. „So groß war der Bedarf nach rodenden Bauern, daß man sich gegenseitig die Kolonisten durch bessere Angebote weglockte."
Am erfolgreichsten konnte die Gewinnung von Siedlern vom Prager Hofe aus geschehen. Die przemyslidischen Herzöge, später Könige, waren nicht nur durch ihre Politik auf das engste mit dem Reich verbunden, sondern mit den Herrscherhäusern auch durch Heirat sowie kulturellen und gesellschaftlichen Austausch. So war Przemysl Ottokar II., der als Rivale Rudolfs von Habsburg nach der deutschen Königskrone griff, schließlich ein Enkel des Hohenstaufen Barbarossa. Sein Name taucht immer wieder im Zusammenhang mit Städteprivilegien auf. Sein engster Mitarbeiter, der Olmützer Bischof Bruno von Schaumburg, ist nicht von ungefähr in zahlreichen Ortsnamen Nordmährens und des Altvatergebiets verewigt.
Ernst Schwarz faßt in seiner Darstellung die entscheidenden Punkte zusammen: „Niemals ist bei dieser Entwicklung Gewalt angewendet worden. Daran war nicht zu denken in einem Lande, das ein Teil des Deutschen Reiches war . . . Die Deutschen sind gerufen worden. Der Gedanke, die deut-

schen Siedlungen miteinander zu verbinden, ist nicht aufgestiegen. Es fehlte die zentrale Leitung." Damit ist wohl die These des wissenschaftlich bedeutenden ersten Präsidenten der Tschechoslowakischen Republik, T. G. Masaryk, es handle sich beim Sudetenland um „eingedeutschtes Gebiet", widerlegt.

Aus der Siedlungsgeschichte ergab sich auch die stammliche Gliederung, die die benachbarten mittel- und oberdeutschen Stämme in meist geringfügiger Abweichung von Mundart und Brauchtum spiegelte. Doch soll, besonders im Schlesischen, die Einschmelzung nordwest-, also niederdeutscher Elemente nicht unterschätzt werden.

Im südlichen Böhmerwald, dem „Unterland", von Hohenfurth und Gratzen bis Wallern, wurde eine oberösterreichische Mundart gesprochen. Die Sprechweisen der Budweiser Insel und in Wallern galten als besonders „altertümlich". Im „Oberland", bis Eisenstein, wurde wie im Bayrischen Wald gesprochen. Anders als dieser mittel- oder donaubairische Bereich gehörte das Egerland bis zum Erzgebirge und östlich von Duppau zum Nordbairischen, Oberpfälzischen (Nordgauischen).

Unscharfe Grenzen sind auch nach dem Obersächsischen hin festzustellen. Innerhalb des Obersächsischen bis zur Elbe wurde zwischen der ostfränkisch bestimmten Mundart des nordwestböhmischen Gebiets von Duppau bis Brüx im Erzgebirgsvorland, die Oberdeutsches mit Mitteldeutschem verbindet, und dem Erzgebirgischen unterschieden, das mit dem Obersächsischen jenseits der Grenze zusammenhing. Östlich der Elbe begann der weite, stark differenzierte Bereich des Schlesischen. Um Böhmisch Kamnitz und Böhmisch Leipa herrschten noch lausitzische Züge vor. Östlich Friedlands begann das eigentlich Schlesische, das über die Oder ins Kuhländchen und Olsaland reichte.

Adolf Hauffen, der erste Volkskundler der Prager deutschen Universität, weist auf einige Schattierungen hin: Es gibt „die Mundarten des Isergebirges, des Riesengebirges, des Braunauer Ländchens und des Adlergebirges. Diese letzte Gruppe ist der Mundart der Grafschaft Glatz besonders nahe verwandt. Im Umkreis von Hohenelbe zeigen sich starke fränkische Einflüsse, in Rochlitz, das durch Paul Schürer, den Begründer der böhmischen Glashütten im 16. Jahrhundert, zahlreiche Meißner aufgenommen hatte, obersächsische Einflüsse."

Auf dem Dreisesselstein im Böhmerwald

Ostfränkische Elemente erklärten sich nach Ernst Schwarz aus der unmittelbaren Ansiedlung aus jenem Bereich in Nordmähren, vor allem in der Schönhengster Sprachinsel, mit schlesischen Einflüssen in deren nördlichem und bairischen im südöstlichen Teil. In Mähren, um Olmütz und um Auspitz, waren „Überschneidungen der bairischen und der schlesischen Mundart im 13. Jahrhundert eingetreten". Wie in Südmähren wurde die „kolonialbairische Mundart" gleich der in Niederösterreich gesprochen. Das gilt auch für die zum Teil verschwundenen Sprachinseln um Ungarisch Hradisch, Brünn, Wischau, Kremsier, Kojetein, Holleschau, Groß Bittesch, Tobitschau mit zum Teil altertümlichen Sprachformen. Hingegen war für die Iglauer Sprachinsel einschließlich Deutsch Brod eine Oberpfälzer Mundart charakteristisch; in

PRAGA.

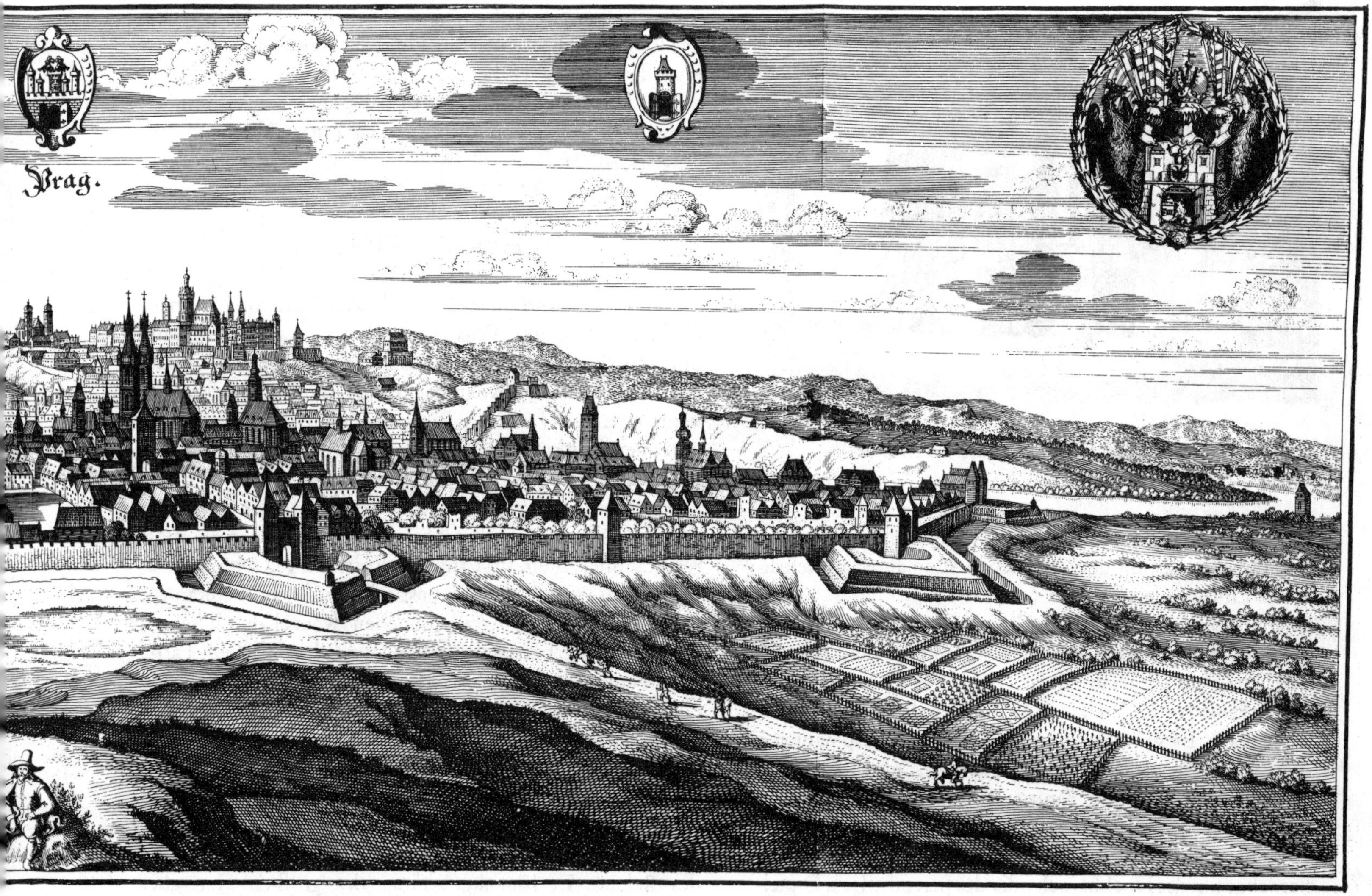

Prag — aus Merians Topographie (1650)

Ständetheater in Prag, heute Tyl-Theater

deren südlichem Teil waren wegen des einst unmittelbareren Zusammenhangs mit dem westlichen Südmähren mittelbairische Einflüsse festzustellen.
In Mundarten, in der ganzen Volkskultur war der Stamm aus mehreren Stämmen ein Kleindeutschland für sich, das sich durch die Nachbarschaft mit den Tschechen noch viel bunter entwickelte. Solche Vielfalt wirkte sich befruchtend auf die Künste aus. Es wäre ein eigenes Feld, deren Ausprägungen und Sonderentwicklungen nachzugehen, zumal da noch bedeutende europäische Kraftströme einander begegneten. In den böhmischen Ländern kam es in der Zeit der hohen und der Spätgotik, der Renaissance, des Manierismus, der Barockgotik, des Hochbarock oder des Jugendstils zu Gipfelleistungen, die über das Land hinauswirken.
War es nicht ganz natürlich, daß ein solches Begegnungsland die „Wiege der neuhochdeutschen Schriftsprache" wurde? Wirkte doch durch das Zusammentreffen von Menschen verschiedener Herkunft die Prager Hofkanzlei unter den Luxemburgern mit ihrer vorbildlichen Urkundensprache regelbildend. Die Tepler Bibel und die Wenzelsbibel sind als erste deutsche Bibelübersetzungen an die einhundert Jahre vor Luther, zusammen mit dem „Ackermann aus Böhmen", frühe, hohe Zeugnisse dieser neuen Entwicklung unserer Sprache.

IM HERZEN EUROPAS

Das „herrlich Land", wie es Detlev von Liliencron in seinem Gedicht „Krieg und Frieden" anspricht, war früh begehrt und umworben. Aus dem Dunkel der Geschichte hoben sich erste Konturen ab, etwa in der Kunde von dem Markomannenreich unter Marbod in Böhmen, dem ersten Slawenreich unter dem fränkischen Kaufmann Samo, der in der Wogastisburg seinen Sitz hatte, im Großmährischen Reich.
Diese recht kurzlebigen „Reiche" wurden abgelöst von den Przemysliden, die mit ihrem Stamm der Tschechen die anderen Stämme einten. Im Laufe der Entwicklung schloß dieses Geschlecht nicht ohne dynastische und Familienkämpfe (Ermordung des heiliggesprochenen Wenzel durch seinen zur slawisch „nationalistischen" und heidnischen Partei gehörenden Bruder Boleslaw) die böhmischen Lande nach christlicher Missionierung dem Reich an. Die böhmischen Herrscher werden Kurfürsten mit dem Amt des Reichsmundschenks.
Nach dem Aussterben der Przemysliden wird unter den Königen aus dem Hause Luxemburg Prag der erste feste Sitz des Reiches. Karl IV., keineswegs nur „Böhmens Vater und des Reiches Erzstiefvater", einer der größten Herrscher Europas, führt das Land auf allen Gebieten zur Blüte. Seine weise Regierung, die ohne einen Tag Krieg das Reich und dessen Ansehen mehrte, wird zu früh durch seinen Sohn Wenzel IV. um die Früchte ihres Wirkens gebracht. Karl

hatte nach dem Vertrag von Trentschin ganz Schlesien als drittes Kronland an Böhmen gebunden.
Zwei Daten werden bestimmend für die Auseinandersetzungen auf religiösem und nationalem Gebiet: Die Folterung und Ermordung (1393) des aus dem fränkischen Ebrach stammenden Prager Generalvikars Johannes von Nepomuk auf Veranlassung des Königs Wenzel und die Verbrennung des Magisters Hus (1415) in Konstanz. Symbolhaft ist es zu verstehen, daß die beiden Johannes später im Religionskampf gewissermaßen „Gegenheilige" werden: Hus als Vertreter der nationalen, militanten Seite, der Auslöser der für das Deutschtum verheerenden Bewegung der Hussitenkriege; Nepomuk als der „Steinerne Wanderprediger", den die Jesuiten mit größtem Erfolg zweihundert und mehr Jahre nach seinem Tod in den Dienst der Gegenreformation und Habsburgs stellen, zugleich als der Heilige, der mit Hunderttausenden von Statuen und Bildern ein Hauptanreger und „Auftraggeber" für die Kunst wurde und so zu erhöhter Volkstümlichkeit weit über Böhmen hinaus gelangte. Schlüsselfigur zu beiden Daten und Personen war jener unglückselige König, der den Namen des heiligen Wenzel trug, dessen Erbe gleich dem seines Vaters in sein Gegenteil verkehrte.
Nach kurzen Zwischenspielen werden die Habsburger von 1526—1918 die Kaiser und Könige von Böhmen, zugleich Markgrafen von Mähren und Herzöge von Schlesien. Nach der Meinung tschechischer Historiker ist dies eine Zeit der Finsternis („temno") geworden. Gewiß hat sich manches wegen der zentralistischen Neigungen der Habsburger zuungunsten der Tschechen ausgewirkt. Nach der Unterdrückung der Deutschen durch die Hussiten wurde eben das Rad zurückgedreht. Rudolf II., unter dem wie unter Karl IV. die Künste gedeihen, nicht aber eine gute Reichs- und Landespolitik, verlegt den Reichssitz noch einmal nach Prag.
Was sich im Verlauf der „Tausend Jahre Geisteskampf im Sudetenraum", so ein Buchtitel des Prager Theologen Eduard Winter, vollzog, wurde zum blutigen Krieg zwischen den in den Kronländern vorrückenden Protestanten und der katholischen Seite. Auslöser waren Kirchenverbote in Böhmen und der Prager Fenstersturz; das letzte Gefecht dieses Dreißigjährigen Krieges hat auf der Karlsbrücke stattgefunden. Die Front ging durch beide Nationen, die Tschechen und die Deutschen. Nach Krieg und Verheerungen und mehrfacher Ablösung ganzer Garnituren von Adelsgeschlechtern wurde in einem Bauboom und einer künstlerischen Entfaltung sondergleichen der Hauptstadt und vielen Teilen der Provinz ein neues, festlich-barockes Gesicht aufgesetzt.
Vor der Mitte des 17. Jahrhunderts hatte der ins Zwielicht geratene Generalissimus Wallenstein wohl nach der Krone greifen wollen. Viele haben sich ihn zumindest als König von Böhmen gewünscht. Als ein vielseitiges und organisatorisches Genie nach Art Karls IV. hätte er wohl das Zeug dazu gehabt, ausgleichend zwischen den beiden Nationen zu wirken.

Neues Deutsches Theater Prag, heute Smetana-Theater

Prag war trotz äußerer Entfaltung in den Schatten Wiens getreten. Friedrich II. überzog die Kaiserin Maria Theresia mit Krieg. Eine der entscheidenden Schlachten war die von Kolin. Nach den Schlesischen Kriegen gab es bei Österreich und also auch bei Böhmen nur noch das kleine Schlesien. „Den Garten hat er mir genommen, den Zaun hat er mir gelassen!“ Das bedeutete zugleich eine starke Verschiebung zuungunsten des deutschen Bevölkerungsanteils.

Die von dankbaren Bauern und Städten Joseph II. gesetzten Denkmäler in allen drei Landesteilen wurden nach 1918 von den neuen Machthabern beseitigt, da man zwar Josephs reformatorische Maßnahmen, vornehmlich die Befreiung von der Leibeigenschaft, anerkannte, ihm aber den Zentralismus und die Begünstigung der deutschen Sprache nachtrug. Das 19. Jahrhundert brachte nach der von Böhmen aus vorbereiteten Niederlage Napoleons Reaktion und Revolution, ein Aufbrechen des Nationalismus auf tschechischer, später auch auf deutscher Seite. Aufklärung und Romantik

Deutsches Stadttheater Brünn, heute Mahen-Theater

hatten das Wiedererwachen der tschechischen Nationalseele mit bewirkt, aber nicht vermocht, zu einem dauernden Ausgleich im Sinne eines fruchtbaren Landespatriotismus zu führen. Die Deutschen im Abwehrkampf waren mit sich im Zwiespalt, zumal nach dem Bruderkrieg von 1866, der auf dem Boden Böhmens ausgetragen wurde. Sollten sie sich für eine österreichische oder großdeutsche Lösung entscheiden? Verhängnisvoll wirkte sich aus, daß es nicht zu einem „böhmischen Ausgleich“ nach Art des „mährischen“ kam und man in Wien und Prag, aber auch bei den nationalen Kämpfern beider Seiten in der Provinz nicht genug Verbindendes fand. Mit dem Zerbrechen der Monarchie endeten bald die Hoffnungen der Sudetendeutschen, sich einer Republik Deutsch-Österreich anschließen zu können. Nichts half die Berufung auf Wilsons Selbstbestimmungsrecht, nichts friedliche Demonstrationen und die feierliche Proklamierung der Provinzen Deutschböhmen (mit Sitz in Reichenberg) und Sudetenland (mit Sitz in Troppau) und des unmittelbaren Anschlusses der südböhmischen und südmährischen Landesteile. In den Verträgen von Versailles und St. Germain wurden die neuen Staaten und Grenzen ohne Rücksicht auf den Volkswillen festgelegt. Unrecht hat immer neues Unrecht zur Folge.

Im neuen Staat, der Tschechoslowakei, die eine „Höhere Schweiz“ hätte werden sollen, wurden alle Chancen verspielt. Die Fronten im Lande und, nach Aufkommen des Hitlerstaates, zwischen Berlin und Prag wurden immer härter. Noch einmal bot sich eine Chance zum Ausgleich: nach dem Münchner Abkommen und dem Anschluß des Sudetenlandes. Doch die Chance wurde vertan. Die folgenden Jahre waren furchtbar und endeten furchtbar, letztlich für beide Völker. Neue Hoffnung auf Ausgleich muß trotz aller bitteren Enttäuschungen genährt werden, mit Vernunft und der nüchternen Überzeugung, daß auch scheinbar Utopisches anzustreben ist. Das „herrlich Land“ müßte doch ein Land der Verständigung zwischen den Völkern sein können und so

dem gerecht werden, was in Jahrhunderten aufgebaut wurde und gewachsen ist.
Zu den Paten einer glücklichen, noch so utopisch erscheinenden Zukunft würden die großen Staatsmänner, die Baumeister, Bildhauer und Maler, die Komponisten, Dichter, Gelehrten und Erfinder beider Nationen gehören: auch jener Anton Graf Nostitz-Rieneck, der das „Nationalspektakel in unserer Muttersprache" pflegen wollte. Er hat das spätere Ständetheater, jetzige Tyl-Theater gegründet, auf dem noch heute sein Leitspruch „Patriae et musis" steht. Hier wurden Mozarts „Don Giovanni" und die Krönungsoper „La Clemenza di Tito" uraufgeführt, erklang zum ersten Mal die spätere tschechische Nationalhymne. Das „Neue deutsche Theater", einhundert Jahre nach dem Ständetheater, bald nach dem tschechischen Nationaltheater erbaut, ist eine der großen Bühnen, an denen exemplarisch vor einem theaterbesessenen Publikum gespielt wurde. Doch auch die Theater in den kleineren Städten waren „Sprungbrettbühnen" für die Kunst im deutschen Sprachraum.

SUDETENLAND HEUTE

Das Land ist geblieben, die Landschaft in ihrer Vielfalt erhalten. Die Veränderungen der letzten vierzig Jahre aber sind nicht nur Veränderungen, wie sie überall in der Welt Industrialisierung und Modernisierung bewirken. Was sich bis in die Tiefen hinein verändert hat, empfinden die am schmerzlichsten, die im Lande gelebt haben und vergleichen können. Aus der Vogelschau kann man am besten beurteilen, was der Vergleich alter und neuer Landkarten bereits zeigt: das Verschwinden vieler Ortschaften, die Veränderungen und Verschiebungen in den Strukturen der Städte, in der Landschaftsgestaltung durch ganz andere Aufteilung von Äckern und Fluren, was nicht nur im Zuge von gesunden Flurbereinigungen erfolgte. Vieles ist eben nicht mehr da, ganze Siedlungen, zahllose Anwesen sind vernichtet.

Rathausportal in Brünn — von Anton Pilgram

Burg und Stadt Elbogen

Dennoch wird manches erneuert, was heruntergekommen, manches wieder aufgebaut, was zerstört war. Jahrzehntelange Versäumnisse der Denkmalpflege versucht man wieder gutzumachen, mit unterschiedlichem und manchmal gespenstischem Erfolg, da den erneuerten Fassaden nicht entspricht, was hinter ihnen und um sie lebt. Beachtlich und anerkennenswert, was die Denkmalpflege (nach vorgeschriebenen Schwerpunkten) trotz schlechtem Material leistet.
Ein eigenes Kapitel ist die Interpretation der Vergangenheit. Doch sprechen die meisten Kulturdenkmäler für sich, wenn man ihnen nur offenen Auges entgegentritt. Im folgenden geben wir eine Aufstellung der Städte unter Denkmalschutz, offiziell als Denkmalreservationen bezeichnet:

Auscha	Iglau	Leitmeritz
Bischofteinitz	Josefstadt	Leitomischl
Budweis	Kaaden	Mährisch Trübau
Eger	Königgrätz	Neuhaus
Elbogen	Kremsier	Neustadt/Mettau
Franzensbad	Krummau	Neutitschein
Gitschin	Kuttenberg	Nikolsburg

Olmütz	Saaz	Theresienstadt
Pardubitz	Stramberg	Wittingau
Pilgram	Tabor	Zlabings
Prachatitz	Taus	Znaim
Prag	Teltsch	

Bevorzugt wurden offensichtlich Städte mit erhaltenen historischen Kernen. Unter den größeren fehlen erstaunlicherweise Brünn, Karlsbad, Troppau, unter den kleineren Arnau, Hohenelbe, St. Joachimsthal.
In der verpflichtenden Aufstellung der „Nationalen Kulturdenkmäler“ wechseln bedeutende architektonische Schöpfungen mit politischen Objekten. Nur zwei Beispiele: Wälscher Hof in Kuttenberg; Denkmal in Nieder Lindewiese für die Opfer des Streiks in Freiwaldau (1931). In Prag sind unter 20 nationalen Kulturdenkmälern zu finden: die Krönungsinsignien, die Karlsbrücke, das Tschechische Nationaltheater, das Ständetheater (jetzt Tyl-Theater) und der ganze Komplex des Altstädter Rings mit Rathaus, Teynkirche und dem von Dientzenhofer gebauten Kinskypalais, von dessen Balkon 1948 Klement Gottwald sein Rede hielt, die die Revolution und die neue Ära einleitete. Zu den bemerkenswertesten Kulturdenkmälern gehören die Spuren der Linz-Budweiser Eisenbahn, die der Initiative von Franz Josef Gerstner aus Komotau, dem Gründer und ersten Direktor des Polytechnischen Instituts in Prag, der ersten deutschen Technischen Hochschule, und seinem Sohn Franz Anton Ritter von Gerstner zu verdanken ist. Da heißt es im Katalog: „Dieses gewagte und bedeutungsvolle technische Unterfangen leitete auf dem europäischen Kontinent die Ära der Eisenbahn ein. Der erste, von Pferden gezogene Zug befuhr diese Bahnstrecke im Jahre 1832. Noch heute existieren Teile des damaligen Bahndamms und einige Bahnobjekte dieser Strecke.“
Ein Kapitel für sich sind die Kirchen und Klöster, nachdem sich infolge des allmählichen Wiederauflebens der Orden nun ganz neue Perspektiven zu eröffnen beginnen. Ähnlich

wie beim Zustand der Friedhöfe hat manches der Zufall, vieles jedoch die Absicht bestimmt. Von örtlichen Initiativen und Entscheidungen, oft nur vom Verständnis und der Hilfe einzelner hängt der große Unterschied in den Erscheinungsbildern ab.
Wohl in keinem Land Europas gibt es so viele Schlösser und Burgen mit noch erhaltener Ausstattung, mit Sammlungen und geschichtlichen Erinnerungen. Die meisten sind leidlich erhalten oder restauriert, soweit sie nicht Verwaltungs-, Schul-, Archiv- oder Sozialzwecken dienen. Diese „Staatsschlösser", von Gruppen und Schulen viel besucht, sind Anschauungsobjekte für die Zeit der „Feudalherrschaft" und für die Landesgeschichte. An und in ihnen läßt sich bei gerechter Würdigung die wechselvolle Geschichte des Landes und seine Verflechtung mit der europäischen Geschichte erfahren. Sichtbar werden die Landschaft, die Leistungen der Bevölkerung aller Schichten, durch die das Land groß geworden ist, das Wirken von Künstlern und Architekten aus weiten Teilen Europas, vorwiegend aus den deutschen Kulturlandschaften, aus Italien und Frankreich.

AN DEN BÖHMERWALD

In seinem Epos „Witiko" beschreibt Adalbert Stifter den „böhmischen Wald" so: „Es (das Land) besteht aus vielen Berghalden, langgestreckten Rücken, manchen tiefen Rinnen und Kesseln, und obwohl es jetzt zum größten Teile mit Wiesen, Feldern und Wohnungen bedeckt ist, so gehört es doch dem Hauptwalde an, mit dem es vielleicht vor Jahren ununterbrochen überkleidet gewesen ist. Es ist, je höher hinauf, immer mehr mit den Bäumen des Waldes geziert, es ist immer mehr von dem reinen Granitwasser durchrauscht, und von klareren und kühleren Lüften durchweht, bis es im Arber, im Lusen, im Hohensteine, im Berge der drei Sessel und im Blöckensteine die höchste Stelle und den dichtesten und an mehreren Orten undurchdringlichen Waldstand erreicht. Dieser auch jetzt noch große Wald hat in seinen Niederungen vornehmlich die Buche, höher hinauf das Reich der Tanne und des ganzen Geschlechtes der Nadelhölzer und endlich auf dem Grate der Berge oft auch Knieholz, nicht der Berghöhe, sondern der kalten Winde wegen, die gerne und frei hier herrschen. Von der Schneide des Waldes sieht man in das Tal der Moldau hinab, welche in vielen Windungen und im moorigen Boden, der sich aus dem Walde herausgelöst hat, in die ferneren Gelände hinausgeht. Gegen sie steigt der Wald in breiten dichten Wogen ab, nimmt sie nicht selten in seine Schatten, und läßt sie wieder in Wiesen und Hutweiden hinaus. Und so geht er von ihr in vielen Wellen in mitternächtlicher gegen Morgen geneigter Richtung in das Land Böhmen hinein . . ."
In dieses so liebevoll und majestätisch geschilderte irdische Paradies läßt der Dichter seinen jungen Titelhelden ziehen, in

„An den Böhmerwald" – Zeichnung von Alfred Kubin

seine und des Landes Zukunft hinein. Es ist das Jahr 1138, zur Zeit des „dritten Konrad, des ersten aus dem Geschlechte der Hohenstaufen". Stifter hat „diesen Dichtungsversuch aus der Geschichte seines Heimatlandes mit treuer Liebe . . . seinen Landsleuten, insbesondere der alten ehrwürdigen Stadt Prag" gewidmet. Wir folgen ihm, mit treuer Liebe, auf unserer Bilderrundfahrt in das Heimatland.

Von Passau über Freyung in das Herz des Böhmerwaldes gingen nicht nur Züge von Siedlern und Missionaren, sondern führte auch der „Goldene Steig", auf dem die Säumer kostbare Waren, voran das lebensnotwendige Salz, das in Böhmen nicht vorkommt, brachten. Der Goldene Steig bestand eigentlich aus drei Steigen: dem Hauptsteig über Wallern nach Prachatitz, einer Abzweigung nach Winterberg und dem Gefilder Steig nach Bergreichenstein. Zu diesem führte von Niederaltaich über Zwiesel der Gunthersteig. Er ist nach dem selig gesprochenen Benediktinermönch aus thüringischem Geschlecht, dem Klostergründer, politischen Mittler und weit vorausschauenden Gottesmann Gunther benannt. Dieser ist 1045 neunzigjährig in seiner Klause in

Stifter-Obelisk am Plöckenstein

Gutwasser bei Hartmanitz im Böhmerwald gestorben und wurde im Kloster Břevnov bei Prag bestattet. Gunther hat als einer der ersten zur Erschließung des Böhmerwaldes beigetragen, nicht zuletzt durch diesen Handelssteig.

Neben dem Goldenen Steig über den Paß von Kuschwarda, dessen Richtung auch der heutige Reisende in etwa folgen kann, waren und sind die Hauptverbindungslinien durch den Böhmerwald der Übergang von Bayerisch Eisenstein nach Markt Eisenstein (Böhmisch Eisenstein) und — im Niederen Böhmerwald — der von Furth und Taus. Aus Österreich geht es von Linz über Freistadt nach Budweis, der Hauptstadt des Südböhmischen Bezirks. Gleich nach der Grenze grüßen die bedeutende gotische Kirche von Unterhaid, dem Geburtsort des Dichters Hans Watzlik, und das industrialisierte Kaplitz. Ein kleiner Übergang verbindet Bad Leonfelden mit Hohenfurth. Ins östliche Südböhmen führt eine Straße von der Grenzstadt Gmünd in Richtung Wittingau und weiter nördlich, aus Niederösterreich über Neubistritz nach Neuhaus.

Adalbert Stifter haben seine Landsleute zwei schöne Denkmäler gesetzt: unter der Gutwasserkapelle bei Oberplan die 1906 enthüllte Bronzefigur und auf der Seewand über dem Plöckensteinsee den 1876 errichteten Obelisken nach Plänen des Wiener „Ringstraßen"-Architekten Heinrich von Ferstel. Die 1954 in der Walhalla aufgestellte Marmorbüste, hervorgegangen aus einem Wettbewerb, stammt sinnvollerweise von einem Böhmerwäldler, dem seither zu internationalem Ansehen gelangten Otto Herbert Hajek. Sein Geburtsort Kaltenbach, in tausend Meter Höhe, nicht weit von der Moldauquelle, besteht heute nur noch aus wenigen Häusern. Er teilt das Schicksal mancher Ansiedlungen im Böhmerwald. Viele andere, im ganzen Sudetenraum an die 1000, sind völlig vernichtet worden.

„An den Böhmerwald" nannte Alfred Kubin, der große Zeichner und Illustrator aus Leitmeritz, eines seiner stillsten Blätter. Hunderte Male hat er dem Böhmerwald gehuldigt, der ihm immer wieder wie ein Lebenselixier war, so in den beiden lithographierten Mappen „Stilzel, der Kobold des Böhmerwaldes" mit einem Vorwort von Hans Watzlik und „Phantasien im Böhmerwald" mit eigenen Texten. Vom Besitz der Künstlerfreunde Koeppel in Waldhäuser unter dem Lusen in Bayern und seinem Lieblingsaufenthalt Tusset südlich von Eleonorenhain aus durchwanderte er seinen Wald. Als er nicht mehr über die Grenze konnte, schuf er ein Blatt, auf dem er sehnsüchtig zeichnend hinüberschaut: „Alfred an der Grenze Böhmens am Lusen — Sept. 1950."

IM ZEICHEN DER WALDROSE

Adalbert Stifter läßt den nach Böhmen ziehenden Witiko durch Bertha, seine spätere Frau, mit roten Waldrosen begrüßen, die sie sich in einem Reif um das Haar gesteckt hat. Witiko sagt ihr, daß sein Vorfahr „auf dem Berge an seiner Wohnung (im Böhmerwald) Waldrosen gepflanzt, wie auf einem Berge neben seiner Wohnung in Rom Waldrosen gestanden sind. Alle Vorgänger hatten Waldrosen gepflanzt, weil noch keine anderen waren, und alle Nachfolger haben Waldrosen gepflanzt." Das Witigonengeschlecht, aus dem sich die Rosenberger verzweigten, war wohl bayrischer Herkunft und leitete sich von Rom ab.

Noch im 15. Jahrhundert bescheinigte ein Kardinal aus dem Geschlecht der Orsini die angebliche Verwandtschaft mit dem Hause Ursini (ursus = Bär). So erscheint im Wappen von Stifters Geburtsort Oberplan die rote Rosenberger-Rose, die ein brauner Bär in seinen Vordertatzen hält. Oberplan, eine Gründung des königlichen Klosters Goldenkron (dies wiederum eine Gegengründung gegen das rosenbergische Hohenfurth), war nach der Zerstörung Goldenkrons durch die Hussiten von König Sigismund, ebenso wie das Kloster selbst, den Rosenbergern übergeben worden. In der geschichtlichen Überlieferung wie in Stifters Dichtung vermengen sich historische Tatsachen mit legendären

Rathaus in Prachatitz

Zuschreibungen. Jedenfalls entspricht die Verbreitung der roten Waldrose als Wappen und Zugehörigkeitszeichen der Bedeutung und Verbreitung des Geschlechts über Südböhmen hinaus. Politisch, gesellschaftlich, kulturell, als Gründer, Bauherren mit eigener Hütte, Förderer von Wirtschaft und Kunst waren die Rosenberger vom Beginn der Siedlungsbewegung an bis zum Erlöschen ihrer Familie (1611) nicht nur das einflußreichste Geschlecht Südböhmens, sondern auch Rivalen der böhmischen Herzöge und Könige, später jedoch deren wertvolle Bundesgenossen.

Die rote Rose finden wir überall: auf der Stammburg Rosenberg, als Hauptsitz bald durch Krummau, die „verblichene Witwe der Rosenberger" (Stifter), abgelöst; bei dem 1259 von Wok von Rosenberg gegründeten Zisterzienserkloster Hohenfurth, dem Kulturzentrum an der Oberen Moldau, in Friedberg, Zettwing, Oberhaid und Strobnitz im Kreis

Kirche und Pranger in Höritz

Kaplitz, in Höritz im Kreis Krummau. Der Name Wittingau (ebenso der der Burg Wittinghausen bei Friedberg) und der des größten der südböhmischen Teiche, des gegen Ende des 16. Jahrhunderts angelegten Rosenberger Teichs, sind bleibende Hinweise.

Übrigens hat die berühmte Bibliothek der Rosenberger aus dem Schloß Wittingau, wie so manches schwedische Beutegut aus Böhmen und Bayern, als Königmarcksches „Mitbringsel" für die junge verwaiste Königin Christine ihren Weg nach Stockholm gefunden. Sie, zum Katholizismus konvertiert, schenkte sie dem Papst. Das Prager oder Piseker Tor der alten königlichen Stadt Prachatitz, die sich nach der Einnahme durch die Hussiten erst in der Renaissancezeit erholte, schmückt ein gewaltiges Wandbild mit der Reiterstatue Wilhelms von Rosenberg. Es erinnert an die Blütezeit unter den Rosenbergern, denen, nach neuerlicher Zugehörigkeit zur Krone Böhmens, die Eggenberg, schließlich die Schwarzenberg folgten.

Die goldene Rose im Wappen weist auf die Neuhauser Linie der Rosenberger hin, die Heinrich aus dem Geschlecht der Witigonen begründete. Die Stadt Neuhaus, unter deren Denkwürdigkeiten eine Komturei und Kirche des Deutschen Ordens hervorzuheben ist, besitzt eines der schönsten Schlösser Südböhmens. Es erhebt sich über dem Vajgar-See, dessen Name vom althochdeutschen Wort für Weiher abzuleiten ist. Den wundervollen schmiedeeisernen Brunnen des Meisters Andres aus dem Jahre 1604 im Schloßhof zieren goldene fünfblättrige Rosen; eine krönt wie eine Gloriole die Brunnenhaube.

Der goldenen Rose begegnen wir auch im südmährischen Teltsch, vornehmlich in vielfacher ornamentaler Abwandlung in der Wandmalerei der Schatzkammer im Schloß. Teltsch hat bereits nach den Verheerungen durch die Hussiten, Neuhaus im vergangenen Jahrhundert seine deutsche Mehrheit eingebüßt. Hingegen blieb Zlabings, östlichster Stützpunkt der Rosenberger, bis in unsere Zeit überwiegend deutsch. Die goldene Rose ist auch im Wappen von Gratzen zu finden. Sie hat darin eine ursprünglich rote abgelöst.

Eine Besonderheit zeigt das Wappen von Adamsfreiheit im Kreis Neubistritz. Adam Paul Graf Slawata, dessen Geschlecht auf die Neuhauser Rosenberger-Linie folgte, hat dem Ort den Namen gegeben. Zu der Erlaubnis, das Rosenberger Wappen zu übernehmen — die kleine goldene Rose wurde in eine größere blaue eingefügt — kam noch die, Hammer und Schlegel zu führen, zum Zeichen der freilich nur episodischen Bemühung, durch sächsische Bergleute außer Schwefel und Vitriol auch Kupfer zu erschließen. Die Stadt Neubistritz, unmittelbar an der Grenze, gehörte zum Bereich Neuhaus und hing mit der einst größeren Sprachinsel um diese Stadt zusammen. Eine Rosenberger-Gründung ist die benachbarte Burg Landstein, die eine silberne Rose wie in Wittingau führt.

Als späte Gründung der Rosenberger entstand das Renaissanceschlößchen Kurzweil, ein köstliches Jagd- und Lust-

idyll auf dem Wege von Budweis über Netolitz nach Winterberg. Als 1611 der letzte Rosenberger, Peter Wok II., in Wittingau starb, wurde im Trauerzug und bei der Beerdigung im Kloster Hohenfurth nochmals feierlich in vielfältiger Symbolik das Rosenmotiv eingesetzt.
Von den Geschlechtern, die den Rosenbergern folgten, waren die Schwarzenberg, fränkischer Herkunft, das hervorragendste. In den beiden letzten Jahrhunderten haben etliche Persönlichkeiten aus diesem Hause die österreichische und deutsche Geschichte mitbestimmt. Die letzten Generationen wandten sich dem Tschechentum zu, was ihnen das Verbleiben in den Hauptsitzen Krummau und Frauenberg bis 1948 ermöglichte.
Frauenberg, die einst königliche Burg, war in der Renaissance zunächst in den Besitz der Herren von Neuhaus gelangt. 7 km moldauabwärts von Budweis, der Königsstadt, an der ehemaligen Sprachgrenze gelegen, ist sie durch das bedeutendste Beispiel neugotischer Architektur in Böhmen berühmt geworden. Das Schloß, in einem großzügig angelegten Park, birgt Erinnerungen an Adalbert Stifter, so den aus dem „Nachsommer" bekannten Delphinschrank. Die Südböhmische Galerie im Marstall zeigt eine kostbare Sammlung gotischer Plastik und Malerei aus dem Lande.

HOLZ — PAPIER — GLAS

Der Wald ernährte die meisten Bewohner Südböhmens, von den Holzfällern und Holzziehern bis zu den Flößern und den Beschäftigten in den verschiedensten Zweigen der Verarbeitung. Papierindustrie gibt es auch anderswo; doch die Fabriken Moldaumühl in Kienberg und die Pötschmühle bei Krummau übertrafen alle in ihrer Bedeutung.
Die Graphitvorkommen des Böhmerwaldes boten die Grundlage für die Bleistifterzeugung. Weltruf erlangten die Koh-i-noor-Bleistiftwerke in Budweis und die Zündholzfabrik in Schüttenhofen, der bis ins vergangene Jahrhundert deutschen ehemaligen Goldbergbaustadt. Die heute unter dem Namen „Solo"-Werke bekannte Fabrik war eine deutsche Gründung. Die „Deutschen Sicherheitszünder" aus der Schellfabrik in Langendorf warben mit der Aufschrift „Viele Wenig geben ein Viel" für den Deutschen Kulturverband und halfen, seine Privatschulen zu erhalten. Einen eigenen Industriezweig bildet die Resonanzbodenfertigung in Mader.
Die Glaserzeugung und die Glasveredelung gehen im Böhmerwald bis ins 13. Jahrhundert zurück. Seit dem 14. Jahrhundert tauchen Ortsnamen wie Glashut bei Wittinghausen und Glasern bei Gratzen auf. Drei Unternehmen sind weltbekannt geworden. In Klostermühle bei Unterreichenstein die Manufaktur Joh. Loetz' Witwe, die trotz Rückschlägen von Max Ritter von Spaun und dessen Sohn im 19. Jahrhundert zu großer Blüte gebracht wurde. Die „Loetz-Gläser" der Jugendstilzeit setzten sich gegen die Konkurrenz der französischen Weltfirmen durch und erlangten neben den amerikanischen Tiffany-Gläsern höchste Auszeichnungen. Führende Künstler sudetendeutscher Herkunft, so Josef Hoffmann in Wien, gehören zu den Zeichnern und Entwerfern der

Glashütte in Eleonorenheim

Modelle. In Eleonorenhain westlich von Wallern, nach Eleonore Fürstin Schwarzenberg benannt, entwickelten sich seit 1832 zwei Glasfabriken, deren eine, die von W. Kraliks Sohn, ebenso künstlerische Markenartikel auf den Markt brachte wie die Glashütten der Grafen Buquoy in Gratzen. An den Namen von Georg Graf Buquoy knüpft sich die Erfindung des Hyalithglases im frühen 19. Jahrhundert.

GLÄUBIGKEIT UND BRAUCHTUM

Die vielen kleinen und größeren Wallfahrtsorte und Kirchlein sind alte Zeugen der Gläubigkeit der Böhmerwäldler. Große Verehrung genießt der selige Gunther. In der ehrwürdigen St. Jakobskirche von Prachatitz verbeugen sich Deutsche wie Tschechen vor dem Andenken an den 1811 in dieser Stadt geborenen, 1963 seliggesprochenen Johannes Nepomuk Neumann, der sich in der Neuen Welt als Bischof von Philadelphia große Verdienste um Glauben und Erziehung erwarb. Unter den Wallfahrtsorten ist Gojau der bedeutendste, nur vier km westlich von Krummau, mit einer der schönsten spätgotischen Kirchen. Als Gnadenbild wird in Gojau die thronende Madonna mit Kind verehrt. Hervorzuheben ist noch das nordwestlich unter dem Schöninger gelegene Kalsching.

Totenbretter in Deschenitz bei Neuern

Maria Rast bei Unterhaid, Maria Schnee und Maria Trost bei Brünnl nordöstlich davon, dieses in den Gratzener Bergen, leben in der Gläubigkeit der Menschen auch in der Zerstreuung fort. Das gilt auch für Rimau, wenig von der Straße Kaplitz-Budweis abgelegen. Der Kapellenweg führt durch die Felder zum Kalvarienberg und zur Wallfahrtskirche mit den vielen volkstümlichen Bildergruppen. Das schon genannte Tusset mit seiner Wallfahrtskapelle (Marienbild und wundertätige Quelle) darf nicht vergessen werden.

Das „böhmische Oberammergau“ nannte man Höritz, den Marktort mit Katharinenkirche und Pranger auf dem ansteigenden Platz. Der Marktflecken wurde berühmt, als man dort 1893 mit den Passionsspielen begann. Aus der Überlieferung alter Oster- und Passionsspiele hatte der bürgerliche Leinenwebermeister Paul Gröllhesl 1816 den Text niedergeschrieben, dem er den Titel „Die große dramatische Darstellung des Sündenfalles des ersten Menschen im Paradiese und des Erlösungswerkes durch das bittere Leiden und Sterben unseres Herrn Jesu Christi“ gab. Der Deutsche Böhmerwaldbund half, auf dem früheren Goldgräbergelände ein „Passions-Spielhaus“ zu errichten. Es wurde nach dem Zweiten Weltkrieg zerstört. An der künstlerischen Ausgestaltung der Spiele waren Kräfte des Budweiser Stadttheaters beteiligt. Höritz, um seine Entfaltung als Fremdenverkehrsort in 700 Meter Höhe bemüht, paßte sich dem neuen Geist an. Gasthöfe bekamen, neben der „Budweiser Bierhalle“, anheimelnde Namen wie „Zum Paradies“, „Zur Hölle“, „Zum Pilatus“, „Zum Teufel“. Eine Freilichtbühne bestand in Neuern im Oberen Böhmerwald.

Nur aus dem Oberen Böhmerwald und dem Bayerwald ist die Sitte der Totenbretter bekannt, von denen leider nur noch wenige erhalten sind. Auf besondere Weise gemahnte dieser Brauch die Lebenden ständig an die Toten, band sie an die in den Tod Vorausgegangenen. Das Brett wurde auf die Länge des Verstorbenen zugeschnitten, der darauf lag bis zur Beerdigung. Es wurde mit Todessymbolen bemalt und mit Lebensdaten und Sprüchlein beschriftet. Der Altmeister der deutschen Volkskunde, Wilhelm Heinrich Riehl, bezeichnete diesen Brauch in seiner „Naturgeschichte des Volkes als Grundlage einer deutschen Sozialpolitik“ (1854) als „etwas Schaudererregendes“ und „zugleich etwas Ehrwürdiges“. „Diese Bretter werden an Feldwegen, bei Kruzifixen und Heiligenhäuschen, bei einem Acker des Verstorbenen oder auch an seinem Lieblingsplatz, wo er sich im Wald oder Feld auszuruhen pflegte, aufgestellt. Mehrfach findet man sie an Grundstücken der einzelnen Familien und zwar familienweise zusammen gruppiert.“
Entsprechend alpenländisch-bajuwarischem Lebensgefühl spielte im Jahresrhythmus der Feste und Feiern auch das Fastnachtsbrauchtum eine große Rolle.
Je nach Landschaft und Herkunftsbereich herrschten verschiedene Haustypen vor: neben dem Gebirgshof das Wallerner Haus als örtlich begrenzte Sonderform, die Dreiseithöfe und die oberösterreichischen Vierkanthöfe.

WEGE NACH PILSEN

Eine der beiden Stellen in Böhmen, an denen die Sprachgrenze die Landesgrenze erreichte, ist der Übergang bei Taus im Chodenlande. In der seit der Siedlungsbewegung des Mittelalters und auch in ihrem baulichen Charakter deutsch geprägten Stadt Taus haben sich die Deutschen nur zeitweise halten können. Durch die Tauser Senke führt von Furth im Walde die alte, auch jetzt wieder offene Verbindung von

Der Ackermann aus Böhmen (Holzschnitt vor 1480)

Cham nach Pilsen. Die bedeutendere ist die traditionelle Handelsstraße, deren Übergang bei Waidhaus-Roßhaupt über Mies nach Pilsen und Prag weist. Wir sind geographisch noch im Böhmerwald, stammlich im Egerland. Das zeigten einst Mundart und Brauchtum, zeigt heute noch die Bauweise. Westlich von Bischofteinitz, dessen Name und Geschichte schon allein den Weg und den Übergang von dem Bistum Regensburg zum Erzbistum Prag in Erinnerung rufen, liegen zwei bemerkenswerte Orte: Ronsperg und Schüttwa. Aus der zuletzt den Coudenhove gehörenden Ronsperger Herrschaft stammt der Begründer der Paneuropäischen Bewegung Richard Graf Coudenhove-Kalergi. Er kam zwar in Tokio zur Welt und ist in Gstaad in der Schweiz begraben, fühlte sich aber diesem Land stets eng verbunden. Er hat zukunftweisende Gedanken und Organisationen entwickelt, ebenso wie die Gräfin Kinsky, die, im Familienpalais auf dem Prager Altstädter Ring ein halbes Jahrhundert vor ihm geboren, als Bertha von Suttner mit ihrem Buch „Die Waffen nieder“ für eine umspannende Friedensbewegung eintrat und mit dem Friedensnobelpreis (1905) ausgezeichnet wurde.

Schüttwa ist der Geburtsort jenes Stadtschreibers von Saaz, der mit seinem Streitgespräch „Der Ackermann und der Tod“ (auch als „Der Ackermann aus Böhmen“ bekannt) der neuhochdeutschen Schriftsprache ein erstes dichterisches Denkmal setzte. Es ist ein engagierter Wettstreit zwischen Egerländer Patrioten entbrannt, ob dieser Mann nun, wie in der Literaturgeschichte eingeführt, Johannes von Saaz oder von Schüttwa oder nach der Stätte seiner Ausbildung von Tepl genannt werden solle. Jedenfalls liegen alle drei Orte im weiteren Bereich des Egerlandes.

Nicht nur Freunde edler Pferdezucht wird es interessieren, daß im nördlich gelegenen Hostau, einer Pferdezuchtlandschaft mit privilegiertem Roßmarkt, zweimal verlagerte Gestüte untergebracht wurden: im Ersten Weltkrieg die

Pilsen — aus Merians Topographie (1650)

Militärgestüte aus dem buchenländischen Radautz und dem galizischen Savatka, im Zweiten die Lipizaner aus Kroatien, Mazedonien, aus Lipizza und Piber.
Durch die Wald- und Wiesenlandschaft des nördlichen Böhmerwaldes, vorbei an Spuren verschwundener Höfe und Dörfer, geht die Straße nach Osten über Pfraumberg, überragt von der Ruine der mittelalterlichen Grenzburg, über Haid mit seinem markanten Schloß, das ehrwürdige Mies über dem tief eingeschnittenen Tal des gleichnamigen Flusses, vorbei an dem noch im ehemals geschlossenen deutschen Sprachgebiet befindlichen Tuschkau nach Pilsen.
Diese Stadt ist heute der Verwaltungssitz des Westböhmischen Bezirks und hat in solcher Funktion die einstige Hauptstadt des Regierungsbezirks Eger abgelöst. Nur wenige Kilometer von der Sprachgrenze entfernt, zeigt sie in ihrem Kern noch den deutschen Charakter einer Inselstadt, die eine ähnliche kulturelle und nationale Entwicklung wie die südböhmische Metropole Budweis durchgemacht hat. Der Ring, mit 193 x 139 Metern der größte Böhmens, wirkte noch gewaltiger, stünde nicht auf ihm die imposante Bartholomäuskirche mit dem höchsten Kirchturm des Landes (103 Meter). Sie war einst dem Deutschen Orden zugehörig. Ihr kostbarstes und köstlichstes Kunstwerk ist die sagenumwobene Schöne Madonna, eine Schwester der „Schönen Krummauerin" (seit 1922 im Kunsthistorischen Museum in Wien), der Winterberger und der Wittingauer Madonna.
Im Rathaus der schachbrettartig angelegten königlichen Stadt vollzog sich der vorletzte Akt von Wallensteins Ende. Er hatte in einem Haus auf dem Platz Quartier bezogen und sich den Treueid der Offiziere (Pilsner Revers) unterzeichnen lassen, mit dem er sie an sich und nicht an den Kaiser band.
Im Frühjahr 1945 besetzten die Amerikaner Pilsen und weite Teile des Egerlands. Die Demarkationslinie verlief bei Beraun unweit der Burg Karlstein. Doch traten sie ganz Böhmen an die Sowjets ab.
Bei dem nördlich von Tuschkau gelegenen Städtchen Wscherau erinnern wir uns, daß es der Geburtsort des Bildhauers Franz Metzner ist, nach dem sich der Bund der sudetendeutschen Künstler nach dem Ersten Weltkrieg den richtungweisenden Namen gab. In Prag und Teplitz finden wir ebenso wie am Völkerschlachtdenkmal in Leipzig Beispiele seines Schaffens. Andere, wie der Brunnen vor dem Reichenberger Rathaus, sind in Depots eingelagert. Die Gablonzer haben ihr Wahrzeichen, Metzners Rüdigerbrunnen, dem neuen Staat abgekauft und in ihrem Neugablonz aufgestellt.
Tachau am Oberlauf der Mies, eine einst königliche Stadt, hat sich nach Brandschatzung durch die Hussiten erholen können. Die Bewohner, bis zuletzt überwiegend deutsch, ernährten sich von so unterschiedlichen Industriezweigen wie Drechslerei, Erzeugung von Perlmutt- und Kunsthornknöpfen und einer großen Tabakfabrik. Die Lage an der alten Straße von Nürnberg nach Prag brachte Tachau Segen und Unheil. In seiner späteren Geschichte ist es mit dem Haus Windischgrätz verbunden, dessen Gruft sich in der Stadtkirche befindet.
Die Vergangenheit von Plan ist weitgehend durch die Grafen Schlick, die hier die Silbervorkommen ausbeuteten und eine eigene Münze unterhielten, und die Nostitz-Rieneck bestimmt. Halbverdeckt in der frühgotischen Marienkirche liegt der Grabstein des Grafen Andreas Joachim Schlick, der als einer der Anführer des Aufstands 1621 vor dem Alten Rathaus in Prag hingerichtet wurde. Wahrzeichen der Landschaft: die Wallfahrtskirche St. Anna über der Stadt.

BÄDERLAND

In Karlsbad, Franzensbad und Marienbad und in weiteren Bädern konnte man in Westböhmen aufgrund der Quellen und Methoden sich von allen denkbaren Krankheiten heilen lassen. Sie waren Zentren des kulturellen und gesellschaftlichen Lebens. Die Kurlisten enthalten die Namen europäi-

Magdalenenkirche in Karlsbad

scher und außereuropäischer Prominenz. In ihnen und über sie entstanden bedeutende literarische und wissenschaftliche Werke.

Was die Atmosphäre Karlsbads bedeutete, hat einer seiner großen Söhne, der Maler und Illustrator Walther Klemm, ein halbes Jahrhundert Professor in Weimar, in seinem Erinnerungsbuch „Jugend in Karlsbad" (1931) beschrieben:

„Auf kleinem Raum sammelt sich Leben und Treiben der großen Welt wie in einem Brennspiegel. Zu den alten Stämmen der Karlsbader Patrizier, die seit Jahrhunderten hochgestellten Gästen allsommerlich die weiten Räume überlassen, um selbst zuletzt unterm Dach zu hausen, gesellten sich Zugezogene: Spekulanten und Unternehmer kommen empor, verankern sich oder verschwinden wieder nach Aufstieg und jähem Zusammenbruch. Denn wie ein feiner Seismograph registriert die Stadt jedes fernste wirtschaftliche Beben, und die statistischen Tafeln des Kurbesuches sind zugleich Kriegs- und Börsenberichte."

Er entwirft ein Bild der sozialen Schichtung, erklärt, wieso gerade von hier aus so viele künstlerische Begabungen in die Welt gingen, das Theater und die Kunstpflege blühten; wie die Umgebung, das Tepltal bis zum historischen Posthof, einem Lieblingsaufenthalt Goethes, der Kaiserwald, das Hochplateau, die Ruine Engelhaus, das nahe Gebirge die Kinder der Stadt prägten und wie sie den Kurgästen Erholung und Belehrung boten.

Das Kurleben und das Kulturleben haben an Farbe, äußerem und innerem Reichtum verloren. Auf der „Alten Wiese" trifft

„Klein-Versailles in Karlsbad" — von Walther Klemm

man nicht mehr die große Welt, wohl aber Käuferschlangen an, die frische Oblaten oder Becherbitter erstehen wollen. Die kann man in mindestens ebenso guter Qualität in Westdeutschland bei den Nachkommen der früheren Erzeuger kaufen. Aber die Quellen sind dageblieben.

Vor dem neuen Brunnenhaus des Sprudels, dessen Bau fast seine Existenz gefährdet hat, steht ein Denkmal des Kosmonauten Gagarin. Am Ausgang des Tepltals wurde ein gewaltiges Thermalbad-Hotel errichtet, das vornehmlich für die Internationalen Filmfestspiele gedacht war, die freilich an Rang eingebüßt haben. Die meisten der Freundschafts- und Dankmale der verschiedensten Nationen sind gepflegt und erneuert. An Friedrich Ohmanns Schillerdenkmal im Jugendstil prangen aufgefrischt alle deutschen Sprüche einschließlich dieses aus „Der Jungfrau von Orleans“:

„Nichtswürdig ist die Nation, die nicht
Ihr Alles freudig setzt an ihre Ehre.“

Neue Akzente wurden gesetzt mit pfleglichen Hinweisen auf den Zaren Peter den Großen, der sich hier als Maurer betätigte. Für die „sozialistischen Errungenschaften“ nützt man die kapitalistischen und bürgerlichen Errungenschaften aus: die Bäder, von Bad I, dem Kaiserbad angefangen, in dem die Wanne Franz Josephs vorgeführt wird, bis zum Komplex, den sich der Unternehmer Pupp von den Theaterarchitekten Fellner und Helmer pompös und doch heute wieder nostalgisch anheimelnd ausstatten ließ (jetzt Hotel Moskva).

Vieles, was an den Namen Karlsbad gebunden ist, reicht weit darüber hinaus. Das gilt beispielsweise für das Porzellan. In vielen Fabriken mit Schwerpunkten um Karlsbad (wie Pirkenhammer), Elbogen, Schlaggenwald, die historische Bergbaustadt (Zinn), wo die älteste Porzellanfabrik in Böhmen erstand, bis nach Teplitz, wurde Gebrauchsgut hervorgebracht. Seit der Biedermeierzeit entstanden köstliche Kunstwerke. Wenn schon nicht als böhmisches, so ist es doch als Egerländer Porzellan zusammenfassen. Andenken hohen Niveaus, Service mit Landschaftsdarstellungen wurden zu

Petschau, Burg und Kirche

ebenso begehrten Geschenken wie die Freundschaftsgläser und Badebecher der böhmischen Glaserzeugung. In der Glasfabrik Moser in Meierhöfen kann man teures Kristallglas kaufen, historische Potentatengeschenke oder die zur Weltgeltung gelangten Jugendstilgläser bewundern. Die besten Übersichten über das künstlerische Porzellan bieten die Museen auf der Burg Elbogen und auf Schloß Klösterle.

Unweit des Grabes von Mozarts Sohn auf dem großen Karlsbader Friedhof liegen die Gräber der Ehrenbürger, so des Brunnenarztes David Becher und des geadelten Heinrich von Mattoni, der den Gießhübler Sauerbrunn weltberühmt machte. Noch heute wird der Säuerling unmittelbar von der Felsquelle an der Eger abgefüllt und als eines der begehrtesten europäischen Tafelwasser unter dem Namen Mattoni verschickt. Ein Nachkomme des Herrn von Mattoni wurde Sekretär Herbert von Karajans. Das Bad Gießhübl wirkt jetzt sehr heruntergekommen.

Es lohnt sich, die Mühe aufzubringen und vom Unteren Bahnhof in Karlsbad mit dem bummeligen Bähnchen teplaufwärts an dem altersgrauen Petschau mit der einstigen Burg der Herren von Riesenburg und der ehemaligen traditionsreichen Musikschule vorbei auf das rauhe Tepler Hochland zu fahren. Von hier aus gäbe es manches lohnende Ziel: die Prämonstratensergründung Theusing, die Städtchen Luditz und Chiesch mit bemerkenswerten Barockdenkmälern und Buchau, das sich den Ruf eines böhmischen „Schilda" eingehandelt hat. Wir wollen aber weiter nach Marienbad, der Gründung des für die Kulturgeschichte Böhmens so bedeutenden Prämonstratenserstiftes Tepl.

Nicht so städtisch wie Karlsbad, nicht so umtriebsam und mit weltmännischer Geste, doch majestätisch an den Kaiserwald hingebreitet liegt Marienbad. Badet im Karlsbader Wappen der stolze böhmische Löwe in rotweißen, offensichtlich heißen Wellen, so entspricht den kalten Quellen Marienbads das nazarenisch kühl gestaltete Wappen mit Madonna, Brunnenhaus und grüner Äskulapschlange, flankiert von zwei grünen Tannen. Goethe hat seine späte und letzte Liebe zu einer der größten in Böhmen entstandenen Dichtungen, der „Marienbader Elegie" (1823), bewegt. An die ferne Ulrike von Levetzow in Karlsbad sind die Jamben gerichtet:

> „Am heißen Quell verbringst du deine Tage,
> das regt mich auf zu innerm Zwist!
> Denn wie ich dich so ganz im Herzen trage,
> begreif ich nicht, wie du wo anders bist."

Von Marienbad nach Bad Königswart sind es nur 12 km. Dieses Kinderheilbad ist als solches weniger bekannt geworden als das Metternich-Schloß, das eine besondere Beziehung zu Karlsbad hat. War doch der Staatskanzler Metternich Regisseur der „Karlsbader Beschlüsse" der „Heiligen Allianz" mit ihren reaktionären und auf das Jahr 1848 ungewollt hinarbeitenden Folgen. Ein gleichfalls kleineres Bad ist Konstantinsbad im Planer Becken. Quellen und Moorbädern — ähnlich wie in Marienbad — verdankt es seine Existenz.

Die Dichterin Marie von Ebner-Eschenbach hat in ihrem Büchlein „Aus Franzensbad" (1913) das Gesellschaftsleben im idyllischen Ort geschildert, bei dem die „Hauptrolle" die Garderobe spielt: „Das eleganteste Negligé zieht des Morgens im Brunnen die meisten Blicke auf sich, das geschmackvollste Kleid trägt nachmittags den Sieg davon . . . Man kann nicht leicht mehr schönen Frauen auf einer kurzen Strecke begegnen wie jetzt in Franzensbad auf dem Wege zwischen Franzens- und Salzquelle."

Zu Weltbad-Ehren kam als letztes St. Joachimsthal, seit sich unterhalb der alten Silberbergstadt ein Kurviertel mit dem großen Radiumhotel entwickelte. Die radioaktiven Quellen wurden zum Segen vornehmlich für Rheumakranke, die industrielle und wissenschaftliche Ausbeute der Uranpechblende zum Segen und noch mehr zum Unsegen — auch für die Deutschen, die nach 1945 Zwangsarbeit in der tiefen Grube leisten mußten. Das Bad hat seine Bedeutung behalten, der Uranabbau lohnt nicht mehr. Neue Funde werden mit Hochdruck in West- und Nordböhmen ausgebeutet und liefern den Rohstoff für neue Atomkraftwerke in Böhmen. Versiegt war längst das Silber, das am Beginn der Neuzeit der jungen Stadt einen unvergleichlich raschen Aufstieg brachte. Der hervorragende Prediger Johannes Mathesius, wie die meisten führenden Geister, Schulmänner, Gelehrten, Bergfachleute aus Sachsen in den Vorort der Reformation in Böhmen gekommen, hat in einer seiner berühmten gedruckten Predigten den Ursprung so beschrieben: „. . . alda bescheret Got ertz und außbeut. Es ward sehr ein groß zugeleuff in disem Thal/ weil man zumal an vil orten ertz unterm rasen/ und in der beume wurtzel am tage traff/ und etliche außbeuten hieb/ da man kein grubenliecht darzu bedorffte."

Stephan Graf Schlick hat von Schlackenwerth aus St. Joachimsthal gegründet. Aus der Schlickschen Münze kamen die Joachimsthaler, die dem Taler und dem Dollar den Namen gegeben haben. In der barocken Blütezeit wurde unter den Herzögen von Sachsen-Lauenburg der jetzt arg verfallene Garten des Schlackenwerther Schlosses als achtes Weltwunder gepriesen. Erhalten ist mit einem Teil des Schlosses das Tor mit dem üppigen Allianzwappen der Herzöge von Sachsen-Lauenburg und der Markgrafen von Baden. Erneuert und als westböhmische Kunstgalerie zugänglich wurde das in der zweiten Hälfte des 17. Jahrhunderts von Abraham Leuthner gebaute Lusthaus mit Grotte

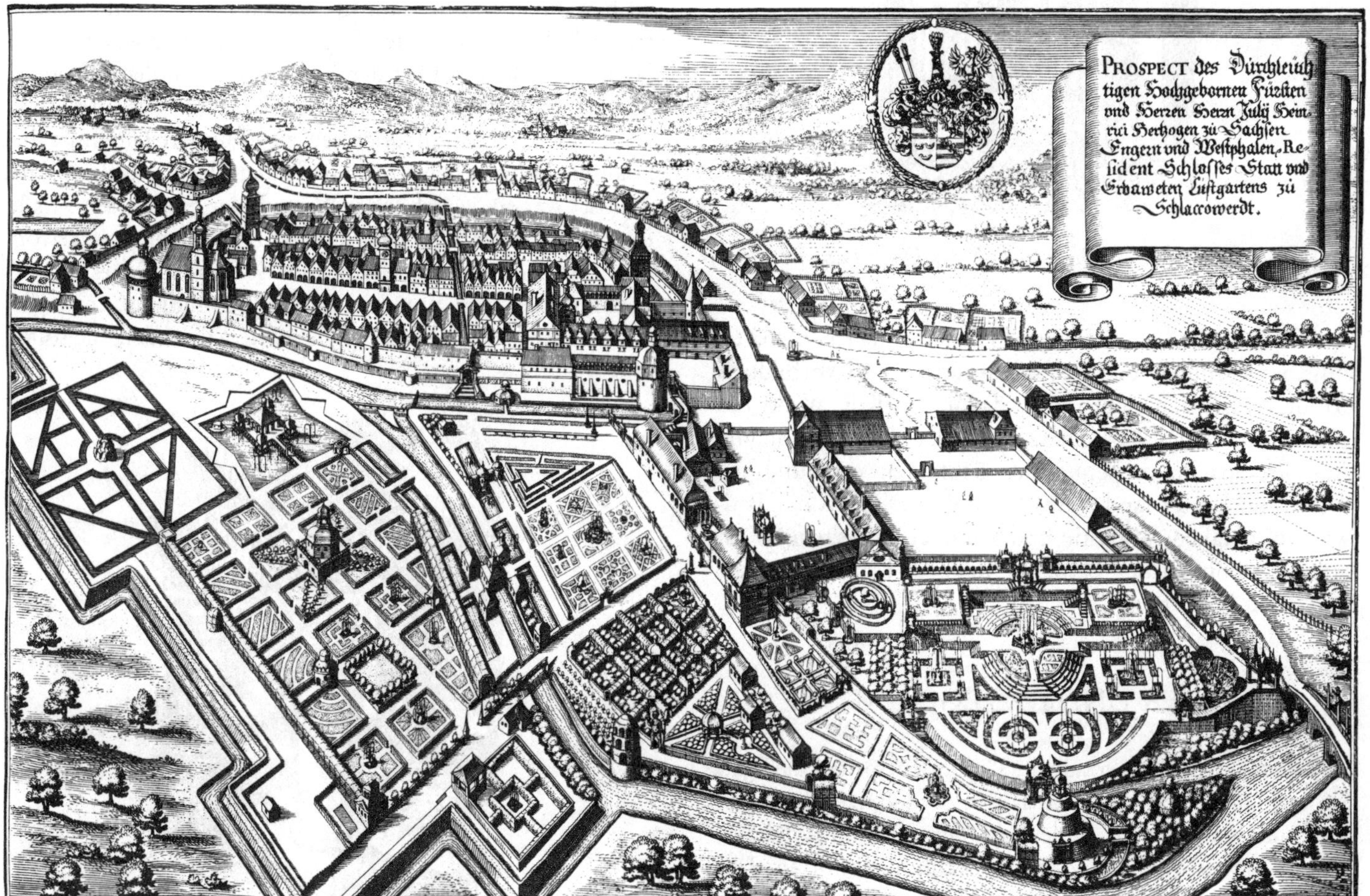

Schlackenwerth — aus Merians Topographie (1650)

Stauferpfalz Eger, Obergeschoß der Doppelkapelle

und Fresken. Daß heute Rastatt in Baden seine Patenschaftsaufgabe gegenüber den Schlackenwerthern so vorbildlich erfüllt, erklärt sich nicht zuletzt dadurch, daß die Witwe des „Türkenlouis", des Markgrafen von Baden, Franziska Sibylla Augusta, aus ihrem heimischen Schlackenwerth und aus Wien Baumeister und Künstler holte. Diese vom „Bauwurmb" befallene Mäzenin und Sammlerin übertrug so ein Stück des böhmischen Barock in die neue Residenz Rastatt und deren Umgebung.

EGER UND DAS EGERTAL

Im Fichtelgebirge, außerhalb des Landes, entspringt die Eger. Sie verbindet, jetzt unmittelbar von der Grenze bis an den Rand der Stadt gestaut, Teile der Oberpfalz und Böhmens, die landschaftlich und politisch zusammengehörten. Das Egerland im engeren Sinn, die regio Egere, kam erst 1322 zu Böhmen, und zwar durch Verpfändung. Im Tauschhandel für die Unterstützung gegen Friedrich den Schönen von Österreich durch den Luxemburger Böhmenkönig Johann überließ Ludwig der Bayer diesem das Gebiet. Das Pfand wurde nie eingelöst.

Der Rechtszustand blieb lange in der Schwebe; die Egerländer waren standhaft bemüht, sich ihre Eigenständigkeit durch die Betonung der unmittelbaren Zugehörigkeit zum Reich zu bewahren. Schiller läßt im vierten Aufzug von „Wallensteins Tod" seinen Helden fragen: „Ihr wart sonst eine freie Stadt? Ich seh', Ihr führt den halben Adler in dem Wappen. Warum den halben nur?" Und der Bürgermeister antwortet: „Wir waren reichsfrei. Doch seit zweihundert Jahren ist die Stadt der böhm'schen Kron verpfändet." Daß „das Reich uns einlöst" war ein vergeblicher Wunsch der Egerländer. Noch in einem bitteren Witz des Herbstes 1938 klingt etwas davon nach. Als Reichenberg Hauptstadt des neuen Gaues wurde, erzählte man sich, auf dem Egerer Bahnhof sei, in große Kisten verpackt, die Stauferpfalz entdeckt worden. Sie sollte

Stauferpfalz Eger, Untergeschoß der Doppelkapelle

dem fast geschichtslosen Reichenberg den Glanz geben, den man Eger verweigerte.
Noch die Ruinen der von Friedrich I. Barbarossa ausgebauten Pfalz erinnern an die einstige Bedeutung. Wenn man die Sprache der Steine verstehen lernt, kann man erfahren, was dieser romanische Bau an geschichtlichen Hinweisen bietet. 1908 wurden in Eger erstmals die Wallenstein-Festspiele veranstaltet, die noch bis in die Zeit der ersten Republik hinein gepflegt wurden.
Über die Vergangenheit der Bürgerstadt und der Klöster in

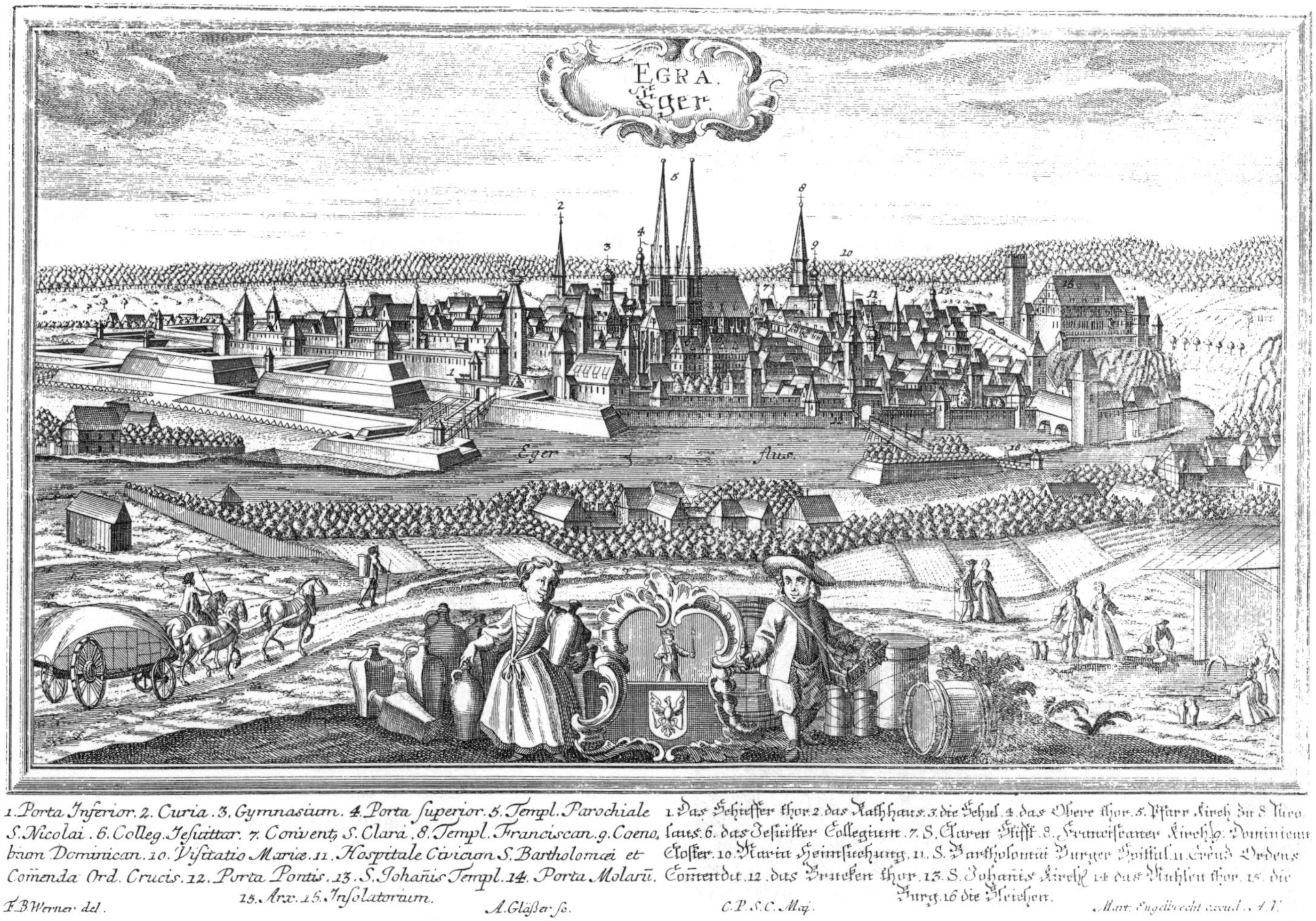

Eger — Radierung von A. Gläßler nach F. B. Werner, um 1740

ihr, die Entfaltung der Volkskultur, die Egerer kunsthistorischen Gipfelleistungen, von den Intarsienschränken bis zur Architektur des Barock, dessen größter Baumeister, Balthasar Neumann, ein Sohn und Stipendiat dieser Stadt war, kann man sich im Stadtmuseum unterrichten. Es wurde vor über einhundert Jahren um das Zimmer herum eingerichtet, das den letzten Akt der Tragödie Wallensteins gesehen hat.
Doch wer heute Verläßliches über die ganze Kultur Egers und des Egerlandes erfahren will, muß zusätzlich das Egerland-Kulturhaus in Marktredwitz besuchen. Da findet er das, was verschwiegen oder nur unzureichend dargestellt wird — die reiche Volkskultur, die herrlichen Trachten mit den Goldhauben, Erinnerungen an die stolzen Fachwerkhöfe mit den Sonnentoren und den Taubenschlägen. Zur bitteren Entwicklung der letzten Jahrzehnte gehört es, daß nun mit großem Aufwand einige der Höfe im Lande wieder hergestellt werden, nachdem man die meisten vernichtet hat oder verkommen ließ.
Folgen wir dem Lauf des Egerflusses, bewegen das Auge und das Herz nicht nur landschaftliche Eindrücke, sondern es

Egerländer Bauernhof im Kaiserwald

wird die Verbindung zu einer Fülle geschichtlicher und kultureller Gegebenheiten hergestellt. Erinnert der Name von Königsberg in Preußen an den Böhmenkönig Przemysl Ottokar II. und seinen Anteil an der Missionierung des Pruzzenlandes, so besinnen wir uns in Königsberg an der Eger darauf, daß der kleine Ort — trotz der Industrialisierung heute noch mit idyllischem historischem Kern — und Königswart ihre Namen dem Ursprung als böhmische Grenzfestungen verdankten. Die Holzverarbeitung spielte in Königsberg durch die Möbelerzeugung eine tragende Rolle, aber auch im volkskünstlerischen Bereich, in der Krippenschnitzerei. Königsberg und Königswart, wie übrigens auch das sudetenschlesische Königsberg bei Wagstadt, tragen im Wappen den böhmischen Löwen. Das nördlich von Königsberg an der Eger gelegene Maria Kulm mit der barocken Kirche, dessen Gnadenbild auf die fromme Legende der geschnitzten Maria in der Haselstaude zurückgeht, war ein baukünstlerisches Juwel und die Wallfahrtskirche der Egerländer, Gegenstand so manchen literarischen Zeugnisses. Heute bietet sie einen traurigen Anblick.
Falkenau ist eine der Städte Böhmens, an deren Erscheinungsbild man die unheimliche Spannung zwischen gewachsener Landschaft, gewachsener Kultur und den Problemen und Nöten des industriellen Fortschrittes ablesen kann. Um das richtig erfassen zu können, muß man die Schnellstraße verlassen und, der alten Verbindung folgend, in den Kern der Stadt fahren. Da wird man Goethes Briefbericht begreifen von einem „wohlgebauten Ort, den ich gar oft, nach Carlsbad fahrend, gar anmutig unten im Tale an der Eger liegen sah". Goethe hat den unglücklichen Naturdichter Anton Fürnstein zu einem Gedicht über den damals dort noch vorherrschenden Hopfenbau angeregt. Fürnstein reimte:

„Drum Bewohner Falkenaus,
Brave Flurgenossen,
Pfleget Eures Hopfenbaus
Ferner unverdrossen.

Laßt uns Müh und Fleiß nicht scheun,
Wohlstand bringt uns sein Gedeihn."

Zu Goethes schönsten Zeichnungen gehören die von Elbogen, „einem landschaftlichen Kunstwerk". Hier war er oft, hier hat er mit den Levetzows seinen 74. Geburtstag gefeiert. Die Gaststätte „Zum weißen Roß" mit der Terrasse über der Eger erinnert an dieses Ereignis. Die alte „Denkmalstadt" ist recht schäbig geworden. Auch das bedeutende Museum, dessen Besuch in die Burgführung einbezogen wird, hat Einbußen erlitten. Die einst königliche Stadt, deren Burg vorübergehend Sitz der böhmischen Herrscher war, hat viele Künstler fasziniert und den Maler Carl Spitzweg zu einem Vergleich mit Wasserburg am Inn angeregt. Was ist von dem Elbogen noch geblieben, das einst als „ein Schlüssel Teutschlands zu der Cron von Böheim" galt?

Die Granitsäulen über dem engen Egertal, Hans Heiling genannt, haben seit Menschengedenken die Phantasie beschäftigt. Die Sage von einem versteinerten Hochzeitszug, in die sich Elemente einer Erdgeist- und einer Undinenlegende mengen, taucht in verschiedenen Abwandlungen in den Märchen der Brüder Grimm, Dichtungen der Romantik und als Librettostoff für Heinrich Marschners Oper „Hans Heiling" auf. Nach Karlsbad und Gießhübl weitet sich das Tal ein wenig, das immer wieder romantische Felspartien säumen.

Malerisch liegt Klösterle am linken Ufer. Stadt und Schloß, zuletzt den Thun gehörig, mit bedeutendem Park und ebenso bedeutendem Porzellanmuseum, sind vom Barock geprägt. Bereits 1793 wurde hier eine der hervorragendsten Egerländer Porzellanfabriken gegründet. Sauerbrunnen im Umkreis erinnern an die vulkanische Vergangenheit der Landschaft. Sie erscheint bewegt und heiter durch die vielen Basaltkuppen der im Süden das Egertal begleitenden Duppauer Berge, benannt nach der einst anmutigen Kleinstadt Duppau.

Das Kulturland ist jedoch bei dem historischen Kaaden mit einem der markantesten Stadtbilder Böhmens immer mehr

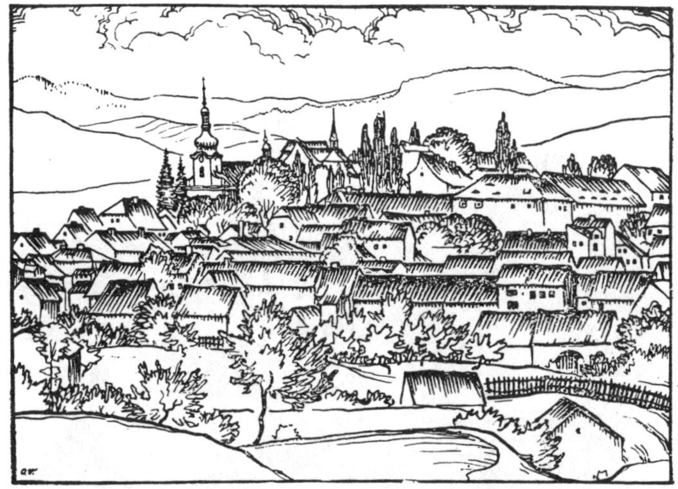

Duppau

von Braunkohlenabbau und Industrie gefährdet. In der Ruine Hassenstein, die die waldigen Hügel nördlich von Kaaden und Klösterle überragt, wird das Gedächtnis ihres bedeutendsten Bewohners, des protestantischen Humanisten und Förderers der Wissenschaften Bohuslaw Lobkowitz von Hassenstein, und Goethes gepflegt.

Von der Natur begünstigt, von der Geschichte geprägt, ruht die Stadt Saaz über dem rechten Ufer der Eger. Einer ihrer hervorragendsten Bürger, der Historiker und Prager Universitätsprofessor Wilhelm Wostry, hat in seiner Schrift über Saaz und den „Ackermann aus Böhmen" aus eigener Anschauung das Brauchtum um die Hopfenernte, den „Pflocker", geschildert, die alten „Pflockerlieder", den „Hopfenkranz", den Zug der Pflücker, die „Hoppenwageln", die „Hoppentreter". Aber auch die Abhängigkeit von Ernte und Markt.

„Denn jene kurzen Wochen entschieden über Größe von Verdienst oder Verlust mindestens für ein Jahr, unter Umständen über Sein oder Nichtsein der Firma." Wostry

Marktplatz und Kirche in Asch

stellt fest: „Der Weltruhm des Saazer Hopfens beruht wohl in erster Linie, aber doch keineswegs allein, auf den natürlichen Vorzügen des Bodens und der Pflanze; ihn hat sicher die Pflückermoral, die Sorgfalt des Pflückens und dementsprechend die Güte des gepflückten Materials mitgeschaffen." Erhalten hat sich auch der Brauch um die „Gurkenkönigin". Die sauren Gurken gelten als das „Nationalgericht" der Saazer.

Das südwestlich gelegene Städtchen Podersam im Saazer Becken hat bis zu den Salm-Reifferscheidt vielfachen Besitzerwechsel erfahren. Das letzte Städtchen an der Eger vor der Sprachgrenze, Postelberg, ein Landstädtchen mit Industrie, erhielt seinen Namen in der Zeit der mittelalterlichen Siedlung von einem Benediktinerkloster: Porta apostolorum, Pforte der Apostel. Laun liegt schon im tschechischen Sprachgebiet. Doch seine Kirche St. Nikolaus ist eines der bedeutendsten Denkmäler der Spätgotik. Ihr Meister, der in ihr seine Ruhestätte fand, Benedikt Ried, hat hier sein Lebenswerk vollendet. Zu dessen Höhepunkten gehören der Wladislawsaal auf der Prager Burg und ein Teil der Barbarakirche in Kuttenberg.

SPITZEN — HANDSCHUHE — SAXOPHONE

Eine Übersicht über die vielen kleinen oder mittleren Städte im Vorland, in den Tälern und an den Hängen des Erzgebirges sowie in Nordböhmen könnte die Vorstellung aufkommen lassen, daß da einmal nach einem Plan vorgegangen wurde, der vorsah, verschiedenste Fertigungen dort einzusetzen, wo es nach dem Versiegen der Erzquellen den Menschen Beschäftigung und Brot zu sichern galt. Denn es gibt in der Welt — zumal wenn man noch die anderen Randbereiche Böhmens hinzurechnet — kaum auf so kleinem Raum eine solch vielfältige Streuung gängiger bis ausgefallener Industriezweige.

Das fängt im Nordwesten Böhmens an, das einem auf die Spitze gestellten Quadrat ähnelt. Der „Ascher Zipfel", das Ascher Ländchen, nicht arm an landschaftlichen, geologischen (Haslau!) und kulturellen Besonderheiten, ist mit Eger durch Verpfändung an Böhmen gekommen. Neben der wie im nördlich davon liegenden Roßbach vorherrschenden Textilerzeugung entfalteten sich in dem bis zuletzt überwiegend evangelisch gebliebenen Ländchen die verschiedensten Betriebe. In etlichen Städten spezialisierte sich die Industrie so stark, daß sich an den Städtenamen — bis in die Zeit der Vertreibung — eine bestimmte Industrie als Weltbegriff band. In Wildstein, mit seiner Burg ein beliebtes Ausflugsziel von Eger und Franzensbad aus, war neben der Ton- und Schamottverarbeitung die Musikinstrumentenerzeugung typisch. Diese ist aber vorwiegend in zwei Städten Tradition geworden, und das über das Jahr 1945 hinaus: Schönbach, in dem die Geigen sprichwörtlich am Himmel hingen, belieferte einen Großteil des Weltmarktes mit Geigen. Im fränkischen Bubenreuth blüht dieser Zweig weiter. Noch gewichtiger ist die Erzeugung von Blasinstrumenten aller Art und von Ziehharmonikas in Graslitz, jetzt in Bayern und Hessen. In beiden Städten sorgten Fachschulen für die Ausbildung des Nachwuchses. In den Wassern einer Talsperre ist die traditionsreiche, durch eine Musikschule und viele von hier ausgegangene Musikanten, vornehmlich Harfenisten, berühmt gewordene Erzgebirgsstadt Preßnitz untergegangen. Aus Preßnitz und aus dem Umkreis stammende Musikanten konnte man in mehreren Erdteilen antreffen. Sie sorgten für die Weiterverbreitung ihres geradezu naturgewachsenen Könnens.

Ist von Spitzenklöppelei die Rede, fallen den Kennern sofort Bleistadt, Gottesgab, Weipert, Frühbuß mit Spitzenschule und Neudek ein, das aber auch verschiedene andere Fertigungen beherbergte. Abertham gewann internationalen Ruf als Handschuhmacherstadt. Handschuhe, noch mehr Stickereiwaren und Spitzen wurden in der ehemaligen Bergbaustadt der Grafen Schlick, in Bärringen gefertigt.

In der Bergstadt Platten unter dem Erzgebirgskamm hatte man sich auf die Herstellung von Löffeln spezialisiert. Im östlich gelegenen Katharinaberg löste das Holz die Erzschätze Silber und Kupfer ab. Nahe an der Grenze wuchs hier die Spielwarenindustrie hervor. Das war eine der vielen Betätigungen in landwirtschaftlich kargem Bergland, die den Erzeugnissen auf der sächsischen Seite entsprachen, wo die Menschen auch ihre Erfahrungen sammelten. In Schlaggenwald bei Elbogen entstand die erste Porzellanfabrik in Böhmen. Sebastiansberg auf dem Erzgebirgskamm hatte sich nach dem Versiegen der Erze der Spitzenklöppelei und der Spielwarenerzeugung zugewandt. Es erlangte aber auch Bedeutung durch seine Korbwarenerzeugung und eine Korbflechtschule.

Wenden wir von da unseren Blick nach Nordböhmen, der weiteren Rundreise durch die Landschaften vorauseilend! Viele der kleinen Städte mit nur wenigen tausend Einwohnern, zumeist nur mit einem Bruchteil Tschechen, brachten mit Heimarbeit, Hausindustrie und kleinen und größeren Betrieben im alten Österreich und in der Tschechoslowakei ein Steueraufkommen zustande, das dem umgekehrten Verhältnis zwischen Zahl, äußerer Unscheinbarkeit und Weltgeltung entsprach. Verständlich, daß in der Wirtschaftskrise der dreißiger Jahre diese stark vom Export abhängigen Randgebiete äußerst hart betroffen waren.

Im westlichen der beiden in die Oberlausitz hineinragenden Zipfel, dem „Niederland“, lebte bei größter Bevölkerungsdichte Böhmens ein sehr reger Menschenschlag. Auf altem Tuchmacherboden herrschte die Textilerzeugung vor. Aus und neben ihr entwickelten sich die originellsten Fertigungsbereiche, von denen manche für die Monarchie, ja für ganz Europa Monopolcharakter erlangten. Nixdorf — der Name entwickelte sich aus Nikolausdorf — brachte die Stahlwarenerzeugung den Titel eines „Österreichischen Solingen“ ein.

Die Zenkner-Glashütte im Isergebirge

Schönlinde lebte gleichermaßen von Metallwaren wie von Textilien (Fachschule!). Hainspach brachte neben allerlei anderen Produkten Kunstblumen und Knöpfe (aus Steinnuß und Büffelhorn) auf den Markt. In Schluckenau, einer sächsischen Gründung, gab es unter anderem auch Kunstblumen- und Messerfabrikation. Das benachbarte Georgswalde, in dessen Nähe die Spree entspringt, war vorwiegend Textilstadt; als Sitz der Klavierfabrik Förster muß es hervorgehoben werden. Rumburg mit einer Webereifachschule zeichnete sich durch breiteste Fächerung der Industrien von Kunstteppichen über Pianos bis zu Glühbirnen aus. Durch die geschnitzten Krippen hatte es Ansehen erlangt.

Die 1930 mit an die 23000 Einwohnern größte Stadt im Niederland, Warnsdorf, besaß den Ehrentitel des „nordböhmischen Manchester". Es erhielt — auch nach dem Neuaufbau der Firma in Österreich und Bayern — Weltruf dank der Strumpffabrik Kunert, der größten in Europa. Das industriereiche Niederland war ein an Kunstdenkmälern und Künstlern reiches Land, wofür so manches Stadtbild und Schloß zeugen.

Das industriereiche Grottau in Grenznähe an der Görlitzer Neiße und Kratzau im Isergebirge, Geburtsort des Nazareners Josef von Führich, der in seinen Bildern und graphischen Blättern manches Motiv der geliebten Heimat verwertet hat, führen schon in den Bezirk Reichenberg. Zunächst muß wieder von Glas die Rede sein. In Kreibitz befinden wir uns im Zentrum der nordböhmischen Glaserzeugung und Glasveredelung. An Bedeutung wurde es überflügelt durch Haida und Steinschönau, die im wahrsten Sinne des Wortes Glasgeschichte gemacht haben und in allen Zweigen der Glasfertigung und des Schmuckglases zu Weltbegriffen wurden. Die Erinnerungen des Glashändlers Georg Franz Kreybich um 1700 von seinen Handelsfahrten durch weite Teile des Kontinents sind kulturgeschichtlich äußerst aufschlußreich. Zu den Glasstädten gehört auch Böhmisch Kamnitz am Rand des Elbsandsteingebirges in abwechslungsreicher Landschaft. Aus einer Glasveredlerfamilie stammen die hier geborenen Maler und Zeichner Emanuel Hegenbarth und sein jüngerer und berühmterer Vetter Josef, die beide in Dresden wirkten. Wenn wir beim Glase bleiben wollen, darf nicht der Sprung an den Westrand des Riesengebirges gescheut werden, nach Harrachsdorf-Neuwelt, dem nach den Grafen Harrach benannten und unter ihrer Ägide in der Barockzeit, in Biedermeier und Jugendstil durch hervorragende Kunstgläser berühmten Ort. Hier wurde einer der bedeutendsten europäischen Glaskünstler, Dominik Biemann, geboren. Dessen geschnittene Porträts aus dem vorigen Jahrhundert sind Kunstwerke in Glas. Heute denkt man bei dem Namen Harrachsdorf in erster Linie an den Wintersport mit einer der größten Skiflugschanzen.

Denkmal der Schlacht bei Kulm

BÖHMISCHE LANDSCHAFTEN

Es gibt viele böhmische Landschaften in einem von der Natur überaus reich bedachten Land. Doch verbindet sich mit dem Begriff „Böhmische Landschaft" hauptsächlich die Gegend zwischen Erzgebirge und Elbe, deren Wahrzeichen der Donnersberg oder Große Milleschauer ist. Der Kunsthistoriker

Oskar Schürer hat genau den Standort unweit von Teplitz-Schönau ermittelt, von dem aus der Maler Caspar David Friedrich seine „Böhmische Landschaft“ mit Großem und Kleinem Milleschauer (jetzt in der Dresdner Gemäldegalerie) gemalt hat.
Den Motiven dieser Landschaft begegnet man immer wieder auf den Teplitzer Badegläsern und Freundschaftsbechern. Daneben erscheinen Ansichten der beliebtesten Punkte, die man von dem ältesten der böhmischen Weltbäder aus aufsuchte: das Waldsteinschloß Dux, das Stift Ossegg, der Brüxer Schloßberg, die Wallfahrtskirche Mariaschein, das Bergstädtchen Graupen, das Mückentürmchen am Erzgebirgssattel, der Badeort Bilin, die Denkmäler von Kulm und Nollendorf. Auf Gläsern, Porzellan und Farblitographien finden sich häufig der Teplitzer Schloßberg und die romantische künstliche Ruine Schlackenburg.
Teplitz-Schönau besitzt in seinen beiden historischen Badebezirken die ältesten und schönsten städtebaulichen Ensembles mit Kurhäusern und Hotels aus der Zeit des Klassizismus, zum Teil in unmittelbarer Anlehnung an das Schloß der Clary-Aldringen. Die seit 2000 Jahren bekannten heißen Quellen lockten viele Gäste an und bewirkten, daß Teplitz-Schönau, darin mit Karlsbad wetteifernd, auch ein gesellschaftlicher und politischer Treffpunkt war. Hier wurden verwundete Offiziere der napoleonischen Zeit gepflegt, versammelte sich die geistige Welt und sammelte sich der geistige und politische Aufmarsch gegen den Korsen.
Die sehenswerten Sammlungen im schlichten Schloß — mit berühmtem Park und kleinem Theater — erinnern an die Aufenthalte Goethes und Beethovens. Dieser hat hier so manche Komposition, wie „Die Wut über den verlorenen Groschen“, niedergeschrieben und 1812 den Brief „An die unsterbliche Geliebte“ abgefaßt. 1813 wurde im Schloß von Kaiser Franz I., Zar Alexander I. und König Friedrich Wilhelm III. das Abkommen gegen Napoleon geschlossen. Die von E. Gurk gezeichnete Begegnung der drei Monarchen, aus der sich die „Heilige Allianz“ entwickelte, begann mit einem Aufmarsch auf dem auch heute noch berückenden Schloßplatz. Auf ihm erhebt sich die schönste Barocksäule Böhmens, ein Hauptwerk von Matthias Braun.

Stadttheater in Teplitz-Schönau

Dem 1810 in Teplitz gestorbenen Schriftsteller Johann Gottfried Seume, der in seinem „Spaziergang nach Syrakus“ (1802) auch Teile Böhmens und Mährens gewürdigt hat, wurde ein Denkmal errichtet. Johann Gottlieb Fichte hat ihm die Grabrede gehalten. Richard Wagner hat seiner Schwester Cäcilie geschrieben: „Ach dies Töplitz mit seiner weitesten Umgebung ist wohl das Schönste, was ich kenne!“ In gar nicht weiter Umgebung liegen Karbitz, Kulm und Arbesau mit Denkmälern der drei verbündeten Nationen, zur Erinnerung an die Schlacht vom 29. und 30. August 1813, in der sich die Verbündeten den Weg über den Nollendorfer Paß nach Sachsen freikämpften und die Voraussetzung für den entscheidenden Sieg bei Leipzig schufen.

An Entscheidungen der Geschichte, kulturelle Ereignisse und an die gegenwärtige Lage des Landes werden wir mehrfach im Umkreis von Komotau, dem westlichen Mittelpunkt Nordböhmens, gemahnt. In Sichtweite der alten Deutschor-

Monarchenbegegnung auf dem Schloßplatz von Teplitz

densstadt liegt, auf das Erzgebirge zu, das Fabrikstädtchen Görkau, am Rand der Gruben wie Oberleutensdorf, auch dieses mit altem Stadtkern und früherem Schloß der Waldstein.
Unzugänglich sind heute die Schlösser Rothenhaus und Eisenberg. In Rothenhaus saßen nach den Buquoy die Hohenlohe-Langenburg. Hier war in den entscheidenden Septembertagen des Jahres 1938 der britische Beauftragte Lord Runciman zu Gast. Einer der bedeutendsten Bildhauer des Barock, Ferdinand Maximilian Brokoff, ist hier geboren. Sein Vater Johann, aus der Zips nach Böhmen gekommen, arbeitete auf dem Schloß für seinen adeligen Auftraggeber. In Eisenberg, nordöstlich im Erzgebirge gelegen, von Goethe, Sealsfield und anderen wegen seiner Lage und der Gastfreundschaft seiner Besitzer gepriesen, war Christoph Willibald Glucks Vater Forstmeister bei den Lobkowitz. Der junge Komponist, der in Komotau das Gymnasium besuchte, verlebte hier prägende Jugendjahre. Ferdinand Tietz, der bedeutendste deutsche Bildhauer des Rokoko, kam in einem Dorf bei Görkau zur Welt.
Der Nollendorfer Sattel trennt das Erzgebirge vom Elbsandsteingebirge. An dessen Elbstromeingang zur „Böhmisch-Sächsischen Schweiz" liegt die alte Sperrfeste Tetschen. Das Schloß ist jetzt Kaserne. Vom „Rücken" her, der Tetschener Altstadt, kann man sich dem barocken Rosengarten, einer baulichen und landschaftlichen Attraktion, nähern. Für die Schloßkapelle der Thun-Hohenstein hat Caspar David Friedrich 1808 den in diesem Jahrhundert in den Besitz der Dresdner Gemäldegalerie übergegangenen „Tetschener Altar" — „Das Kreuz im Gebirge" — gemalt. Im Schloß hingen auch über einhundert Jahre lang die beiden „Böhmischen Landschaften" Friedrichs, jetzt in Dresden und Stuttgart. Am linken Ufer, unter der Schäferwand, steht das alte Bodenbach, erst in diesem Jahrhundert dank der industriellen Entwicklung Stadt geworden. Es wurde in den vierziger Jahren mit Tetschen zur Doppelstadt zusammengeschlossen.

Freitreppe des Schlosses Rothenhaus

In dem Tetschen eingemeindeten Liebwerd hat die traditionsstolze Landwirtschaftliche Akademie, seit 1920 Abteilung der deutschen Technischen Hochschule Prag, 1938 den Rang einer selbständigen Hochschule erhalten.
Elbabwärts und seitlich des Stroms sind die am meisten aufgesuchten landschaftlichen Schönheiten des Sandsteingebirges auf der böhmischen Seite die Tyssaer Wände, das Prebischtor und die Edmundsklamm bei Herrnskretschen, dem böhmischen Grenzort. Im Polzental, von Tetschen südostwärts, stehen noch viele der charakteristischen bunten Häuser mit den Umgebindelauben. Das Tal führt zu dem schönen Stadtkern von Bensen mit Oberem und Unterem Schloß, Marienkirche und Mariensäule, dem Wallfahrtsort Oberpolitz, an dessen Erzdechanten Wenzel Hocke (Hockewanzel) sich viele deftige Anekdoten knüpfen, und zur Bezirksstadt Böhmisch Leipa. Hier wird die Landschaft offener und lebt aus der Spannung zwischen den vulkanischen Formationen des Mittelgebirges und den Sandsteinbergen des Lausitzer Gebirges. Der Verkehrknotenpunkt Böhmisch Leipa ist eine der bemerkenswerten Mittelstädte,

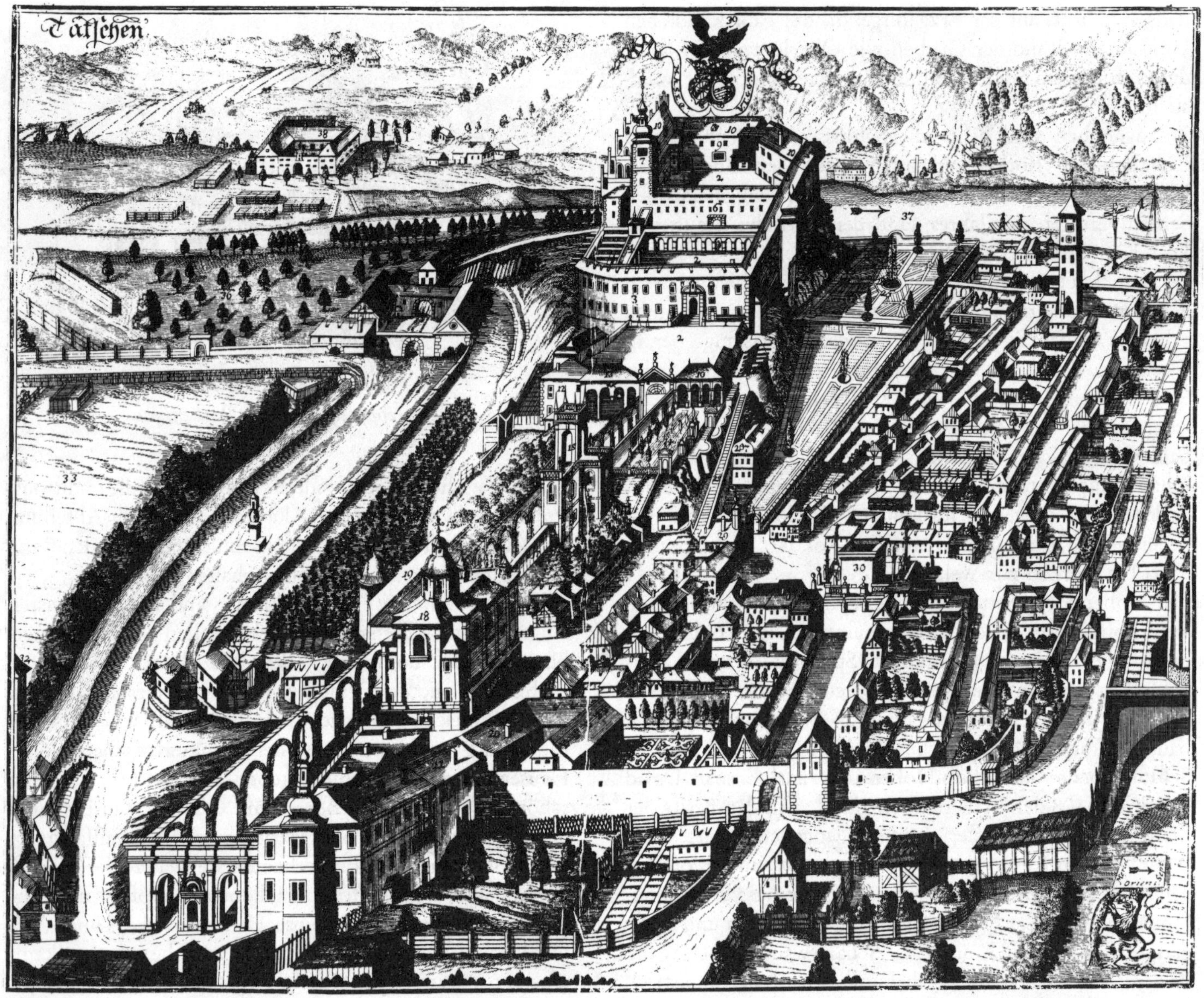

Schloß und Stadt Tetschen, Kupferstich (1712)

die im Ablauf der Jahrhunderte in die Industrialisierung hineingewachsen sind.
Reichstadt, im Osten von Leipa, kam nach mehrfachem Besitzerwechsel an das habsburgische Haus Toskana. Hier war der Vater des Komponisten Chr. W. Gluck Forstmeister auf einer der Stationen, die den jungen Gluck mit Nordböhmen verbanden. Die Waldlandschaft und der Schloßpark boten Anschauungsunterricht und Lehrmaterial für die angesehene Deutsche Höhere Forstlehranstalt.
Der Sohn Napoleons, der „Junge Adler“, wie ihn die Franzosen liebevoll nannten, von Napoleon zum König von Rom erhoben, Enkel des Kaisers Franz I., wurde 1818 mit dem Titel „Herzog von Reichstadt“ ausgestattet. Doch hat der unglückliche, im selben Jahr wie Goethe Gestorbene (1832), an dessen Schicksal sich europäische Geschichte demonstrieren läßt, dieses Schloß nie gesehen. Die im stillen geschlossene Trauung (1900) des Erzherzog-Thronfolgers Franz Ferdinand mit der tschechischen Gräfin Chotek in diesem Schloß erinnert an einen anderen tragischen, für Böhmen und Europa verhängnisvollen Abschnitt der neueren Geschichte.
In Niemes wurde Freilichttheater gespielt. Die Tradition der Passionsspiele in der Webereistadt Zwickau geht bis ins Jahr 1729 zurück, erlosch aber in späteren Jahrhunderten.
Die bewegte Landschaft zwischen dem oberen Polzental und der Grenze nach Sachsen, vom Lausitzer Gebirge durchzogen, um Deutsch Gabel herum, verlockt mit Bergkegeln, Schlössern und Burgen immer wieder zum Verweilen. Wartenberg am obersten Polzenlauf, nach dem Stadt und Umgebung beherrschenden Vulkankegel des Roll „am Roll“ geheißen, gab einer Linie der Waldstein den Namen. Die Stammburg der Waldstein, heute Ruine, liegt aber bei Turnau.
Auch das Land südlich des Polzen war und ist ein beliebtes Erholungs- und Wandergebiet. Der Reiz wird noch gesteigert durch die Teichlandschaft um Hirschberg mit Waldsteinschloß, die Bösige und — gegen den Jeschken zu — Hammer am See. Südlich vom Polzen zeichnet sich das Land um Dauba und Auscha, beide aus dem Herrschaftsbereich der Berka von Dauba, durch die Phantasie anregende Felsbildungen, wie den Habichtstein, aus. Die alten Holzhäuser in den Städten und auf den Dörfern beginnt man wieder zu pflegen.
Noch einmal zurück zur Elbe! Wein- und Obstorte, Industriestädte und das sich zu immer neuen Ausblicken öffnende Tal beherrschen die Achse Nordböhmens. Aussig, die bevölkerungsreichste Stadt Deutschböhmens, einst Verwaltungszentrum des Regierungsbezirks, ist heute die Verwaltungsmetropole Nordböhmens. Die Denkmäler aus der Vergangenheit stehen wie Inseln in hektischem Getriebe und häßlicher Nachbarschaft.
Da sieht Leitmeritz gelassener, ländlicher, wenn auch nicht durchwegs gepflegter aus. Hier ist der große Zeichner Alfred Kubin geboren, der in seinen Lebensberichten „Schützenfest in Leitmeritz“ und „Besuch in der Heimat“ sich der prägenden Eindrücke der Vaterstadt besinnt. Er nennt die „vereinzelten Winkel, wo ich einst gespielt, die Wälle und sumpfigen Gräben der Festung Theresienstadt jenseits der Elbe.“ Heute

Schloß Reichstadt

ist die von Joseph II. erbaute Festung ein makabres Museum, das, zusammen mit dem Gräberfeld vor den Toren der „Kleinen Festung" unweit der Mündung der Eger, mahnend an das Getto und Konzentrationslager des Zweiten Weltkriegs und das Konzentrationslager für Sudetendeutsche danach erinnert.
Lobositz, in fruchtbarer ebener Elblandschaft, besaß bis zuletzt eine starke deutsche Minderheit. Elbaufwärts wird das Vulkanland flacher, soweit der Rauch der vielen Fabrikschlote die Sicht freigibt. Jenseits der Sprachgrenze liegt Melnik, eine deutsche Stadtgründung nach Magdeburger Recht. Hier wie an vielen anderen Stellen des Landes ging der deutsche Anteil nach den Hussitenkriegen drastisch zurück. Das den Hügel oberhalb der Mündung der Moldau in die

Leitmeritz, Marktplatz (Rathaus, Stadtkirche, Kelchhaus)

Elbe — oder umgekehrt! — beherrschende Schloß, in dem man heute noch den berühmten Sekt „Château Melnik“ trinken kann, war ebenso wie das unterhalb das linke Ufer überragende Raudnitz Lobkowitzische Herrschaft.

WALLENSTEINS KURZLEBIGES REICH

Der östliche der beiden Höcker Nordböhmens ist bei weitem nicht so industriereich wie der westliche, doch von der Natur um so schöner ausgestattet. Auf dem Weg nach Friedland sieht man das nahe Industriegebiet von Zittau, über das eine Korridorbahn von Reichenberg nach Warnsdorf führt. Von der Terrasse des Schlosses Friedland aus schaut man nach Osten in die grüne Welt der Iserberge, die auf der böhmischen Seite in der langgestreckten Tafelfichte (1122 m) gipfeln. Neustadt, das richtiger „unter“ als „an der“ Tafelfichte hieße, altes Bergstädtchen und später vielseitig industriereich, hat noch am Platz um das Renaissance-Rathaus einiges vom ursprünglichen oberlausitzischen Charakter bewahrt. Südwestlich finden sich zwei Schwerpunkte im Friedländer Bezirk: Bad Liebwerda, ein stilles, seit dem 16. Jahrhundert beliebtes Bad mit Eisen- und Sauerbrunnen und Moorschlammbehandlung, und die Wallfahrtskirche Haindorf. Die „Kleine Stolpichschlucht“ bei Haindorf ist zwar nicht die einzige „Wolfsschlucht“, von der man sagt, sie habe Carl Maria von Weber zu seinen „Freischütz“-Szenen angeregt. Doch muß es diese zumindest auch gewesen sein, denn der Komponist weilte, sich von seiner Kapellmeistertätigkeit am Prager Ständetheater erholend, gerne in dieser romantischen Gegend.
Die Haindorfer Wallfahrtskirche Mariä Heimsuchung wird wohl fälschlich Johann Bernhard Fischer von Erlach zugeschrieben. Sie enthält die Grablege der Clam-Gallas. 1931 spielte vor ihrer mächtigen Fassade Hedwig Bleibtreu den „Glauben“ im Hofmannsthalschen „Jedermann“.

Schloß Friedland

Doch kehren wir durchs Wittigtal nach Friedland zurück! Im Burghof erregen die Basaltsäulen, auf die die ursprüngliche Burg gebaut wurde, die Aufmerksamkeit. Beim aufschlußreichen Rundgang durch den in Jahrhunderten gewachsenen Komplex des Schlosses wird man auf den Geschichtsablauf hingewiesen. Hier ist freilich mehr von den Biberstein, den Redern, den Gallas und den Clam-Gallas die Rede als vom Herzog von Friedland. Er erwarb 1622 die Herrschaft, wurde 1624 erblicher Fürst, 1625 Herzog von Friedland, doch in seinem böhmischen Reich, das schließlich Habsburg zu gefährlich wurde, regierte er nur bis 1634. Der „Friedländer“ kam selten hierher.
Eine wichtige, Zukunft versprechende und für ihn zugleich verhängnisvolle Tat war sein 1628 vom Schloß aus an den Kaiser gerichteter Appell, auf das Friedensangebot der Dänen einzugehen. Sein Herzogtum umfaßte die Bereiche von Dauba, Böhmisch Leipa, Reichenberg, reichte über Turnau, Gitschin bis nahe an die Elbe bei Nimburg, es schloß Arnau und Hohenelbe ein, hatte Enklaven um Gradlitz und Neustadt an der Mettau und erreichte im Norden den Riesengebirgskamm. Gitschin war, schon wegen der Verkehrs-

Reichenberg mit Talsperre und Jeschkenzug

lage, der Verwaltungssitz, den er ausbaute, neben seinem gewaltigen Stadtpalais auf der Prager Kleinseite, einer Gegenburg zum Hradschin. Über die Ausdehnung, die landschaftliche Lage dieser Herrschaft, die auch tschechisches Gebiet einschloß, heißt es in Schillers Drama:

„Er hat zu Gitschin einen schönen Sitz,
Auch Reichenberg, Schloß Friedland liegen heiter —
Bis an den Fuß der Riesenberge hin
Streckt sich das Jagdgehege seiner Wälder."

Der Anblick von Reichenberg ist gegenwärtig wenig heiter. Die Stadt, idyllisch im Talkessel zwischen dem Iserkamm und dem Hausberg, dem Jeschken mit einem der schönsten Aussichtspunkte der Sudeten, und dem Iserkamm gelegen, sucht ihr eigentliches Gesicht. Da stehen neben dem Schloß und um den Stadtkern noch wenige barocke Bürgerhäuser, zeigen sich die Weberhäuser („Wallensteinhäuser"). Erhalten sind das stolze Theater hinter dem Rathaus und dem laubengeschmückten Platz, bis 1945 mit dem Metznerbrunnen in der Mitte, das hervorragende Nordböhmische Gewerbemuseum und am ehemaligen Tuchplatz beispielhafte Bauten der zwanziger Jahre.

Doch diese einst so bedeutende Tuchmacher- und Handelsstadt ist arg heruntergekommen. Ihr Rathaus aus dem Ende des vorigen Jahrhunderts zeigt mit der Anlehnung an das größere Wiener Vorbild die starke Orientierung einer nordböhmischen Grenzstadt in führender Stellung nach der Reichszentrale hin. Besonders hier, unterstützt durch den Ausbau kultureller Selbstverwaltung, hatte sich im Zuge der nationalen Auseinanderentwicklung des Landes ein Schwerpunkt gegen die Hauptstadt Prag herauskristallisiert. Nach 1919 setzte sich das fort, was eher zur Schwächung des kulturellen deutschen Elements in Prag führte.

In den Vor- und Nachbarorten der Handels-, Messe-, Schul- und Verlagsstadt Reichenberg, die zweimal, 1918/1919 und 1938—1945, Hauptstadtcharakter gewann, blühten im vergangenen Jahrhundert große Unternehmen auf, die Schafwollfabriken Johann und Franz Liebieg, die Teppichfabrik Ginzkey, in dem durch eine Heilquelle ausgezeichneten Maffersdorf an der Görlitzer Neiße. Hier ist der Autokonstrukteur Ferdinand Porsche geboren. In Liebenau wirkten die Steinschneider (Halbedelsteine!).

Nicht viel weniger geschichtsträchtig als Reichenberg ist Gablonz, die überaus rege Industrieansiedlung, erst 1866 zur Stadt erhoben. Sie ist bald Weltstadt geworden, dank der vielen, alle Erdteile beliefernden Glas-, Gürtler- und Bijouteriewarenbetriebe. Nicht alles, was von hier kam, war nur Talmischmuck und Scheinersatz von Edelstoffen. Gablonz wirkte durchaus auch mode- und geschmackbildend. In den Fächern der Exporteure häuften sich die Musterkollektionen nach Jahrgängen und Ländern. Die Briefmarken wurden kiloweise gesammelt. Diese Art von Jahresbilanzen waren

zugleich Konjunkturbarometer. Zentren der Schmuckwarenindustrie waren auch Reichenau und Tannwald.
Im Isergebirge sind seit dem 16. Jahrhundert die Glasmacher zu Hause. Aus wilder Wurzel entstanden Glashütten. Eine von ihnen, das barocke Meisterhaus aus dem 18. Jahrhundert, wurde das Jagdschlößchen Neuwiese der Clam-Gallas bei Friedrichswald, später staatliches Gästehaus. Die Zenknerhütte in Antoniwald an der Strecke Morchenstern—Josefsthal war zwar die jüngste unter den Glashütten, bewahrte aber mit der Holzbefeuerung den alten Typus. Die Ende des 17. Jahrhunderts erbaute Hütte hatten die Glasmacher Zenkner, darauf Mitglieder der berühmten Glasmacherfamilie Riedel in Pacht. Leider mußte sie 1910 dem neuzeitlichen Glasbetrieb Kamnitzhütte weichen.
Die Reize der Isergebirgslandschaft erschließen sich von den Bergwarten und Schutzhäusern aus, am schönsten aber, wenn man von Harrachsdorf durch die Berg-, Moor- und Wiesenlandschaft zunächst den Abstecher nach Groß Iser und Klein Iser macht und über Haindorf und Raspenau nach Friedland fährt.

Auf dem Kapellenberg in Trautenau

Holzhäuser mit Lauben in Reichenberg

Von Harrachsdorf nach Osten führt die Straße unter dem Riesengebirge an der Weber- und Glasmacherstadt Rochlitz im Isertal und an Hohenelbe vorbei nach Trautenau, das nicht zum Reich Wallensteins gehörte. Von Hohenelbe fährt man elbaufwärts ins westliche Riesengebirge, nach Spindelmühle und zum Spindelpaß. Eine kleine Abzweigung von der Hauptstraße erschließt das idyllische Arnau, in dem die Zeit stillgestanden zu sein scheint, obzwar die Papierfabrik im alten Schloß zu den bedeutendsten im Elbe- und Aupabereich gehört. Die Sage von den Arnauer Riesen hat steinerne, farbige Gestalt gewonnen in den beiden wuchtigen Gesellen, die den turmartigen Eingang des Renaissance-Rathauses auf dem Laubenplatz flankieren. Eine Querstraße führt östlich von Hohenelbe nach dem über 300 Jahre alten Johannisbad unter dem Schwarzen Berg, das wegen seiner radiumhaltigen heißen Quellen häufig bei Kinderlähmung verschrieben wird. Unerschöpflich, wenn auch heute nicht unbeschränkt zugänglich ist das Riesengebirge. Die Schneekoppe kann man von einem der eigenartigsten und zauberhaftesten Punkte Böhmens aus erblicken, von der Terrasse des barocken Spitals und der Kirche von Kukus. Der reiche und streitbare Mäzen Franz Anton Graf Sporck, der in einem seiner Prager Palais auch ein Theater unterhielt, hat sich an der Sprachgrenze zwischen Trautenau und Königinhof in einer Elbsenke ein

Benediktinerkloster in Braunau

Schloß errichten lassen; gegenüber enstanden Armenspital und Grabeskirche, zunächst für seinen Vater, den Reitergeneral des Dreißigjährigen Krieges. Mit der Modeerfindung eines „Kukus-Bades" gewann er die feudale und geistige Welt der Zeit, pflegte alle Künste und gab dem Tiroler Bildhauer Matthias Braun einen Großauftrag. So entstand auf der Terrasse die phantastische Galerie der Tugenden und Laster, in der Mitte und an der Fassade der Spitalkirche die bewegte Szenerie der Verkündigung mit Todesallegorien. Aus dem gewachsenen Sandstein hat Braun im nahen „Neuwald" die kühnen Kompositionen und Reliefs des „Bethlehem" gehauen. Antike, Rom und Böhmen erscheinen da vereint im Werk des Ötztaler Künstlers. Einer der Gäste des Grafen, Johann Christian Günther, verkündete in seinem hymnischen Poem:

„Ach! sprach sie (die Tugend):
ist der Welt die guldne Zeit entflogen?
O nein! Sie hat sich nur
ins Kukus-Bad gezogen."

BRAUNAUER LÄNDCHEN UND ADLERGEBIRGE

Das östlich an das Riesengebirge sich anschließende Braunauer Ländchen ist eine Landschaft für sich, ein Vorsprung in das schlesische Land hinein, nordwestlich von Glatz. Vierhundert Jahre hindurch, bis zu den Schlesischen Kriegen, hat ja das ganze Schlesien zur Krone Böhmens gehört. Die Stadt Braunau mit dem Kloster und die Industriestadt Schatzlar sind seit altersher die größten Ansiedlungen, die Felsenstädte von Adersbach und Wekelsdorf die reizvollsten landschaftlichen Anziehungspunkte. Die Benediktinermönche von Braunau wurden nach der Auflösung des Klosters und der

Vertreibung im niederbayrischen Rohr ansässig und haben dort ihre anerkannte religiöse, musikalische und schulische Tradition zu neuer Blüte gebracht. Bei ihnen fand auch der tschechische Abt des Bruderklosters Břevnov, nahe dem Weißen Berg bei Prag, Aufnahme.
Eine der beiden Stellen, an denen die Sprachgrenze in Böhmen zugleich Landesgrenze ist, trennte südlich des Braunauer Ländchens bei Nachod die deutsche Bevölkerung des nordböhmischen Siedlungsgebiets von den Deutschen, die am Südwestrand des Glatzer Kessels im Adlergebirge und unter dem Adlergebirge saßen. Das ist ein stilles, verhältnismäßig armes Land gewesen. Nur arm an versonnener Schönheit war es nicht, so schwer man sich tat, zu der spät entwickelten Industrie neue Einnahmezweige durch den Fremdenverkehr wachsen zu lassen. War in Neustadt an der Mettau und in Senftenberg der deutsche Bevölkerungsanteil geschrumpft, so konnte sich in dem 1930 nicht einmal 1000 Seelen zählenden Weberstädtchen Rokitnitz, mit gut erhaltenem Marktplatz, umsäumt von laubengetragenen Holzhäusern und einem sehenswerten Schloß der Nostitz-Rieneck, das deutsche Element behaupten. Bedeutender und als Wallfahrtsort bekannt ist Grulich.
In das Grün des Adlergebirgslandes trugen die gelben Felder, die zur bodenständigen Fertigung und für den Handel den Flachs lieferten, jahreszeitlich Farbe hinein. Die kurvige Reichsstraße von Mähren nach Prag mit steilem Gefälle über den die Böhmisch-Mährische Höhe schneidenden Hombolek bietet wechselnde Ausblicke in das hüglige Land. Einige der langgestreckten Dörfer tragen wie Mährisch Rothwasser die Zugehörigkeit zu Mähren im Namen, sind aber dem böhmischen Adlergebirgsland eng verbunden. Hier hat es gegenüber den alten Landeseinteilungen schon früher Überschneidungen der politischen Grenzen gegeben. Jetzt sind weite Teile auch des mährischen Schönhengstgaus mit den Kreisen Zwittau und Mährisch Trübau dem Ostböhmischen Bezirk, dessen Hauptstadt Königgrätz ist, angeschlossen.

Der Birnbaumhof bei Iglau

SPRACHINSELN UND INSELSTÄDTE

In den Städten und den kleinen Sprachinseln in Ostböhmen hat sich bis in unsere Zeit hinein, abgesehen von einigen Dörfern um und südlich von Deutsch Brod und Resten des Bürgertums etwa in Königgrätz, Josefstadt und Kuttenberg, nur ein geringer deutscher Anteil erhalten, fehlte es doch an weiterem Umland und auch an sozialer Durchschichtung des Bevölkerungsanteils. In Prag, noch im vorigen Jahrhundert mehrheitlich deutsch, blieben die Deutschen einschließlich der sich zu deutscher Sprache und Kultur bekennenden Mehrheit der Juden mehr noch als früher zu einem Inseldasein verurteilt.
Im Zuge der Industrialisierung gab es hier keinen Nachschub von Arbeitern und Handwerkern. Wie seit Beginn der städtischen Entwicklung setzte sich das deutsche Element aus Kaufleuten, Beamten, Fachleuten verschiedener Art und jenen geistigen Berufen zusammen, die an den Hochschulen, in den Krankenanstalten, im Theater- und Kunstleben tätig

Paradies der Benediktinerkirche in Trebitsch

waren. Der auffrischende Austausch mit der Provinz ging zurück. Etwas Belebung brachten am ehesten die Studenten. Eine Betrachtung der Sprachenkarte zeigt für Böhmen eine im wesentlichen andere Bevölkerungsstruktur als für Mähren und Schlesien. Denn auch die beiden größten Sprachinseln, der Schönhengstgau mit seinen Brücken zum Altvaterland und die Iglauer Sprachinsel, an beiden Seiten der Böhmisch-Mährischen Höhe gelegen, befinden sich mehrheitlich auf der mährischen Seite.

Iglau und die Dörfer der Insel, einst ein zusammenhängendes Siedlungsgebiet bis Deutsch Brod, hatten schwer zu ringen. Mit kaum 30000 Deutschen war diese Insel zahlenmäßig klein, der wirtschaftlichen und kulturellen Bedeutung nach aber höchst beachtlich. In der Stadt gerieten die Deutschen in die Minderheit. Die farblich kontrastreichen Trachten der Bäuerinnen waren Ausdruck eines auf seine Überlieferung stolzen Schlages. Brauchtum und Liedgut haben sich — wie bei den Südmährern — in Sing- und Spielscharen erhalten und erneuert. Sie werben heute auch in Übersee für ein Völkchen von ausgeprägter Kultur.

Gustav Mahler, der im kleinen Kalischt, am Rand des böhmischen Teils der Sprachinsel zur Welt kam, in Iglau aufwuchs und erste musikalische Erfolge hatte, empfing starke Eindrücke von den Volksliedern und Militärmärschen. Kalischt hat übrigens im Mittelalter noch Schönfeld geheißen!

Trebitsch, igelabwärts gelegen, besaß früher wohl eine deutsche Mehrheit. Ferdinand Staeger, der bedeutende Graphiker des Jugendstils, stammt von hier. Nach ihm, dem sehr Deutschbewußten, der aber auch tschechische Literatur illustrierte, haben die jetzigen örtlichen Machthaber eine Straße benannt. Deutsche Kulturgeschichte kann man in Trebitsch nachvollziehen: Die Abteikirche St. Prokop mit Portal, Paradies, Chor und Unterkirche ist ein hervorragendes Denkmal romanisch-frühgotischer Kunst unter spätstaufischem Einfluß. Das ehemalige Benediktinerkloster, dann Waldsteinschloß, enthält eine der interessantesten Sammlungen bodenständiger (Papier-)Krippen.

Die Stadt Iglau ist in vielfacher Beziehung bemerkenswert. Bedeutung und Reichtum verdankt sie dem Silberbergbau. Das 1243 von König Wenzel I. bestätigte Bergrecht wurde das Bergrecht für die Bergbaustädte in Böhmen, Mähren, Schlesien, bis in die Zips und Siebenbürgen hinein. Der Oberhof Iglau, „wo die Spitze alles Bergrechts im ganzen Königreiche Böhmen und der höchste Gerichtshof sich befindet", wirkte vorbildlich nach Sachsen, Meißen und über Spanien nach Südamerika. Der „Codex Gelnhausen", kostbar illuminierte Handschrift im Iglauer Stadtrechtsbuch, heißt nach dem Stadtschreiber Johannes. Er hat das lateinisch abgefaßte Recht ins Deutsche übertragen. Karl IV. hat ihn, der auch in der Bergstadt Kuttenberg tätig war und am Prager Hof wirkte, für seine Verdienste mit dem Markgrafenamt der durch ihre Stauferpfalz berühmten Stadt Gelnhausen belehnt. Die fast zweihundertjährige Tradition des jährlichen Berghäuerzuges wurde von den heimatvertriebenen Iglauern in der Patenstadt Heidenheim zu neuem Leben gebracht. Die Iglauer Kompaktaten, Ergebnis des Konzils von Basel, setz-

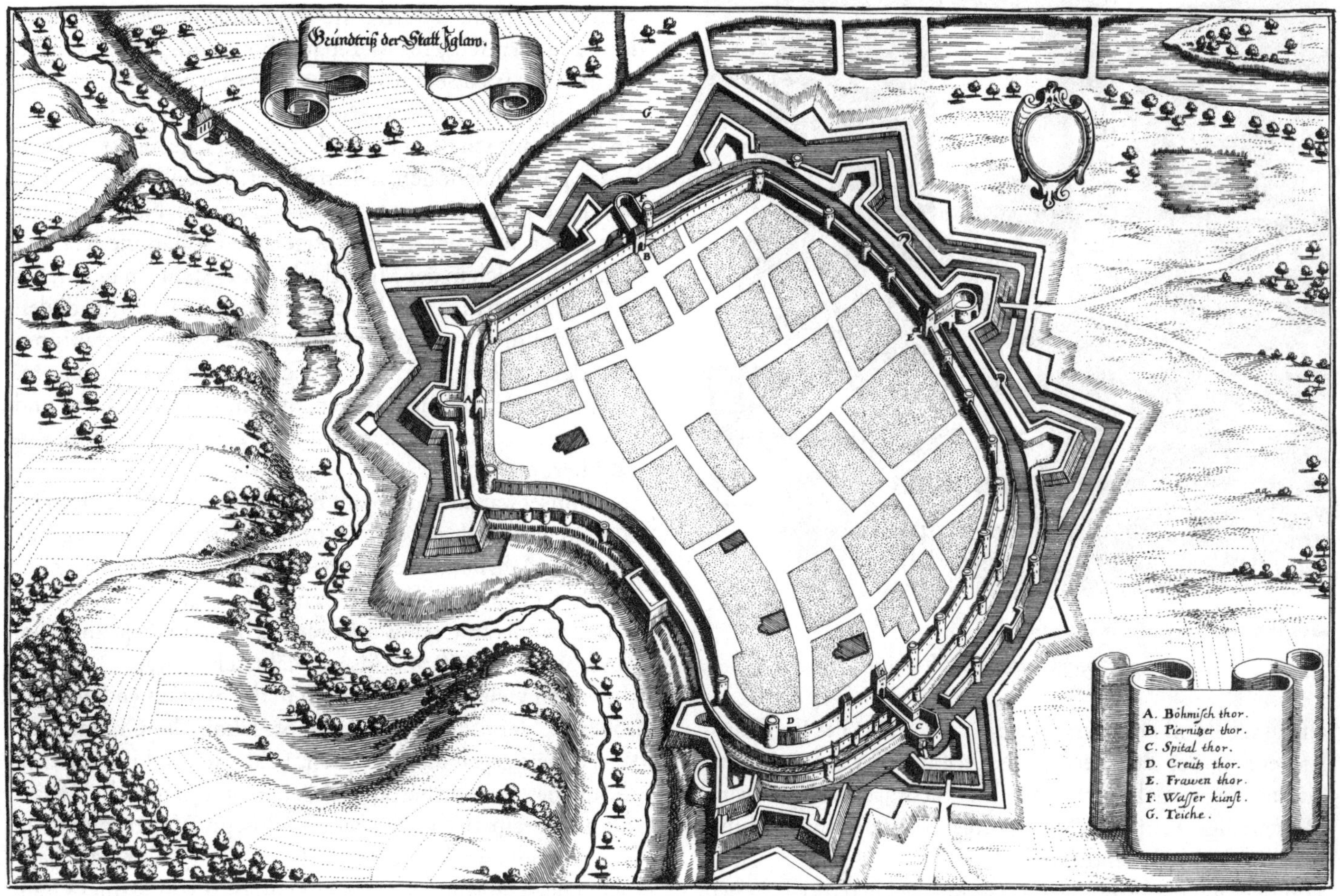

Iglau — aus Merians Topographie (1650)

Augustinerkloster in Altbrünn

ten zum Schluß der Hussitenkriege einen Akt des Religionsfriedens. In der Zeit der Renaissance und des Humanismus blühte die vornehmlich von den Tuchmachern getragene Meistersingerzunft mit Meistersingerschule. Man stand mit Hans Sachs in Verbindung.

Von den Stadtbefestigungen ist wenig erhalten, doch stehen die ansehnlichen Patrizierhäuser und die gotischen und barocken Kirchen. In der St. Jakobskirche ist die Katharinenstatue eines der edelsten Beispiele des „Schönen Stils" aus dem Umkreis der Schönen Madonnen.

Der Hauptplatz, ein breites und langes Rechteck, ist der zweitgrößte in den böhmischen Ländern. Er gilt als der achtgrößte in Europa. An ihm kann man ermessen, wie kläglich — aufschlußreich für die wirtschaftliche und soziale Entwicklung — heute die „Märkte" im Lande mit wenigen Ständen und armseligem Warenangebot sind. 1803 schrieb Johann Gottfried Seume in seinem bisweilen recht kritischen „Spaziergang nach Syrakus":

„In Iglau habe ich bei meinem Durchmarsche nichts gesehen als den großen, schönen, hellen Markt, dessen Häuser aber in der Ferne sich weit besser machen als in der Nähe, wie fast alles in der Welt, das ins Prächtige fallen soll, ohne Kraft zu haben. Ziemlich in der Mitte des Marktes steht ein herrliches Dreifaltigkeitsstück . . . Im Städtchen Stannern (im Süden der Sprachinsel) müssen beträchtliche Wollmanufakturen sein; denn alle Fenster sind mit diesen Artikeln behangen, und man trägt sehr viel Mützen, Strümpfe, Handschuhe und dergleichen zu außerordentlich niedrigen Preisen zum Verkauf herum."

Sprachinsel war auch die Stadt Brünn mit einigen Dörfern im Umfeld. Die Stadt selbst hatte bis zum Ersten Weltkrieg eine deutsche Mehrheit, blieb auch danach deutsch geprägt. Hier sprach man ein etwas hartes Deutsch, das „Prienerisch", wie — nur jeweils mit etwas anderer Färbung und spezifischen Ausdrücken — in Prag, Pilsen, Mährisch Ostrau.

Unter den vielen Meisterwerken in der Stadt seien herausgehoben: in der schönsten Kirche, St. Jakob, das Grabmal des Verteidigers gegen die Schweden, Feldmarschall Raduit Graf de Souches, und die barocke Orgel, in St. Michael die Kanzel mit dem dramatischen Engelsturz Joseph Winterhalters, im Alten Landhaus die Verherrlichung des glücklichen Regiments der Habsburger, ein Deckenfresko von Daniel Gran, und auf dem Krautmarkt, vor der Redoute, in der der junge

Mozart auftrat, der volkstümliche Parnaß-Brunnen Fischer von Erlachs.
Das Stadttheater, ein Fellner- und Helmer-Bau, nach dem Ersten Weltkrieg den Deutschen weggenommen, hat große Augenblicke der Kulturgeschichte gesehen. Unter vielen Namen können nur der des in Mährisch Schönberg geborenen Tenors Leo Slezak und der — wie viele hervorragende Künstler und Gelehrte — aus Brünn stammenden Sopranistin Maria Jeritza genannt werden.
Von Brünn aus wären zahlreiche bemerkenswerte Punkte

Berghäuerzug in Iglau — von Hugo Charlemont

aufzusuchen: die Liechtensteinschlösser Wranau und Plumenau, die Wallfahrtskirche von Kiritein, ein Hauptwerk Santin Aichels, oder dessen sternförmiges Wallfahrtskirchlein St. Nepomuk auf dem Grünen Berg bei Saar auf der Böhmisch-Mährischen Höhe, schließlich Burg Pernstein. Da fällt einem das Bekenntnis des Fürsten Carl Eusebius von Liechtenstein ein, der sich nach dem Dreißigjährigen Krieg äußerte: „Geld ist nur, um schene monumenta zu hinterlassen." Ein Leitspruch, der nicht nur für die Liechtenstein galt, sondern für viele wetteifernde weltliche und geistliche Her-

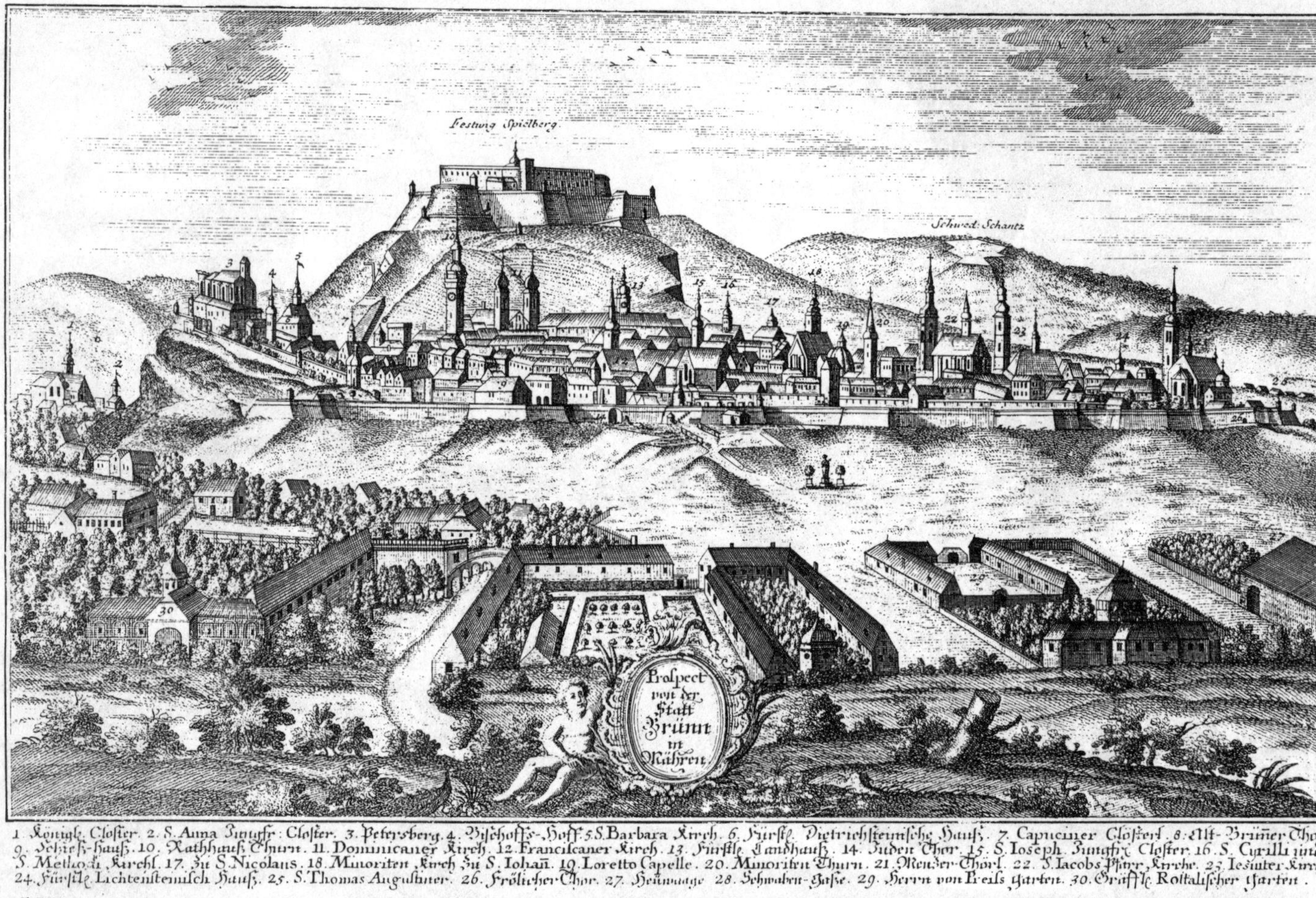

Brünn — Radierung nach Friedrich Bernhard Werner

Kremsier, Reichstagssaal (Erzbischöfliche Residenz)

ren, deren barocke Lieblingswerke heute nicht unwesentlich den Staatssäckel füllen.
Auf dem Weg nach Wischau liegt Austerlitz mit Gedenkstätten an die „Dreikaiserschlacht" und den Sieg Napoleons von 1805. Der Korse bezog sein Quartier nach der Schlacht im Schloß der Kaunitz, deren bedeutendster Vorfahr, Wenzel Anton, Kanzler Maria Theresias war. Mit nur sieben überwiegend deutschen Dörfern war die Wischauer Sprachinsel

Feldkreuz bei Wachtl in Mähren

die kleinste, aber volkskundlich dank der bis zuletzt getragenen Trachten eine der ergiebigsten.
Als Sommerresidenz der Olmützer Bischöfe, dann Erzbischöfe, hat Kremsier früh Bedeutung erlangt. Unter den Grabmälern der Bischöfe in der Propsteikirche St. Mauritius ist das jenes Bruno von Schaumburg zu nennen, der, zumeist aus dem Nordwesten Deutschlands, Siedler holte und weiten Bereichen Nordmährens und des Altvaterlandes durch seine Tätigkeit den Stempel aufgedrückt hat. Der Vertraute und Kanzler Przemysl Ottokars hatte großen Einfluß auf die Geschicke der böhmischen Länder.
Kremsier war für einige Monate (1848/1849) der Mittelpunkt der Monarchie. Der verfassunggebende Reichsrat tagte im Reichssaal. Man könnte ihn als die österreichische „Paulskirche" ansprechen. Hier hat Hans Kudlich seinen Antrag auf Aufhebung der Erbuntertänigkeit eingebracht. Das gewaltige Schloß mit vielen Erinnerungen an die Erzbischöfe enthält die bedeutendste Gemäldesammlung nach der Prager Nationalgalerie. Als Schulstadt erlangte Kremsier für das Deutschtum Bedeutung. Die hervorragendste deutsche Dichterin neben der Droste-Hülshoff, Marie von Ebner-Eschenbach, eine geborene Gräfin Dubsky, ist 1830 im vierzehn km südwestlich liegenden Schloß Zdislawitz zur Welt gekommen. Im gleichen Lebensalter wie Kaiser Franz Joseph I. starb sie 1916 in Wien. Sie wurde in der Familiengruft im Schloßpark bestattet.
Auch Olmütz, mit einigen Dörfern im Süden, war eine Sprachinsel. Die Stadt hat mit ihrem Oberring und Niederring schon schlesisches Gepräge. Es ist eine Stadt der Brunnen — sechs künstlerisch hervorragende an der Zahl —, der Paläste, Kirchen und der Klöster. Erst nach dem Zweiten Weltkrieg hat man die im vergangenen Jahrhundert aufgelassene Universität wieder eröffnet. Inmitten des Oberrings steht das weiträumige gotische Rathaus. Davor wurde nach über dreißigjähriger Bauzeit die größte Pestsäule Österreichs und wohl der Welt 1754 in Anwesenheit der Kaiserin und Markgräfin von Mähren Maria Theresia und ihres Gatten eingeweiht. Diese kolossale, figurenreiche Architektur zu Ehren der Heiligen Dreifaltigkeit war ein Vermächtnis des Olmützer Steinmetzen Wenzel Render, an dem nur einheimische Künstler und Handwerker mitwirken durften.
So selbstbewußt und selbstgenügsam konnte man da sein. Am Oberring steht auch das Geburtshaus des großen Malers und Lehrers Adolf Hoelzel, dessen Vater da eine berühmte Buchhandlung und Lithographieranstalt hatte, und hier steht das Theater von 1830, ein traditionsreiches Haus. Die greise Tilla Durieux, die hier ihre Welt-Laufbahn begann, gedachte liebevoll seiner in ihren Lebenserinnerungen, aber auch der beliebten und weithin exportierten Olmützer Quargeln, nach denen die ganze Stadt gerochen haben soll. Die freilich wurden in dem Sprachinseldorf Nebotein in der fruchtbaren Hanna erzeugt. Die Stadt, vor der Eingemeindung verschiedener Nachbarorte mehrheitlich deutsch, war noch als Groß Olmütz bei der Volkszählung 1930 zu einem Viertel deutsch.

Westlich von Olmütz, der Hauptstadt einst ganz Mährens, dann Nordmährens, lag die kleine Sprachinsel Deutsch Brodek-Wachtl mit einigen überwiegend deutschen Orten, deren Einwohner von Heimarbeit lebten. Die Kreisstadt Littau, deren Kern einige Marcharme teilen, erhielt den Beinamen „Mährisches" oder „Hannakisches Venedig". Die königliche Stadt mit guterhaltenem Altbestand und Liechtensteinschloß verlor in diesem Jahrhundert die deutsche Mehrheit.

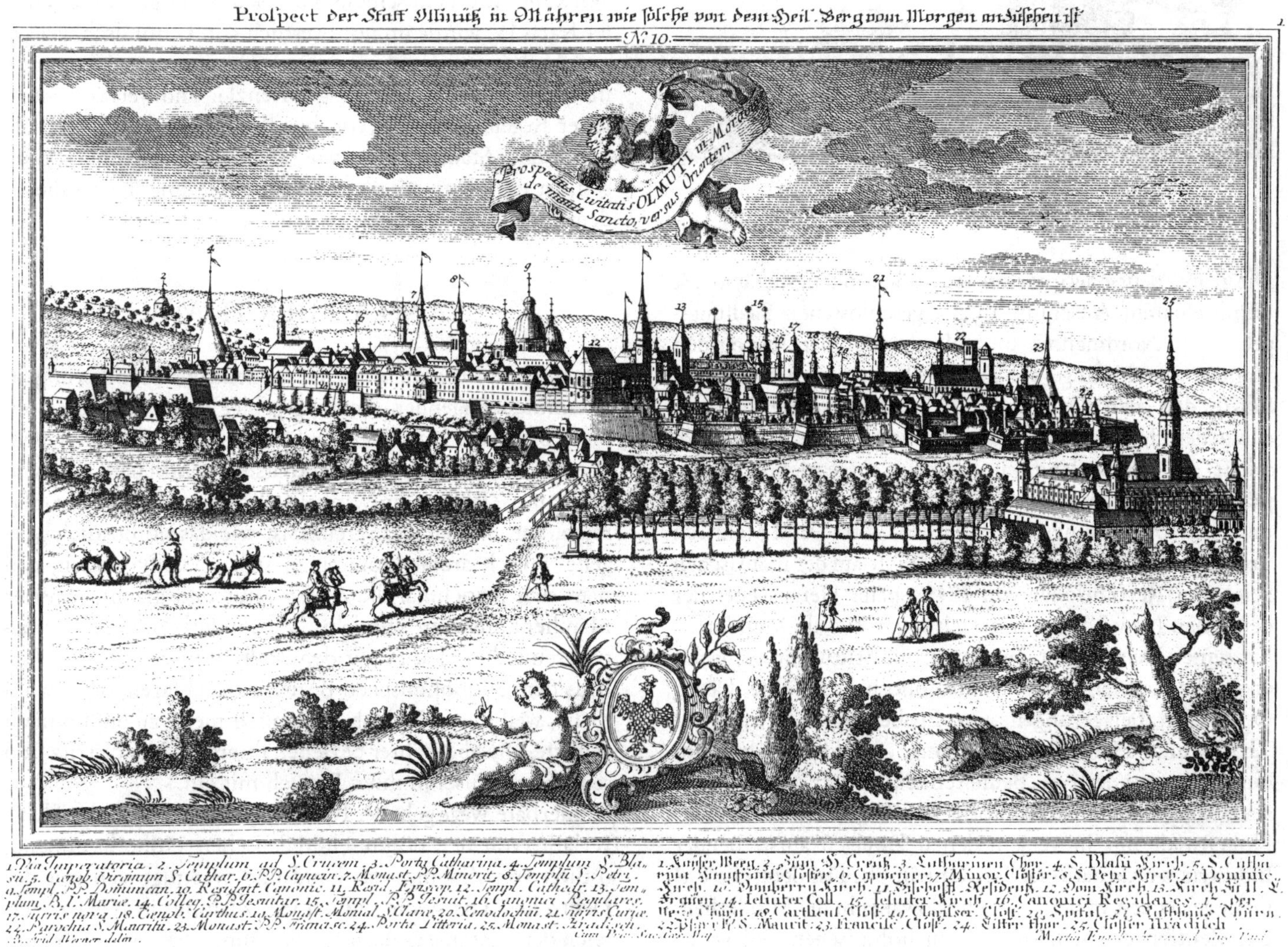

Olmütz — von Friedrich Bernhard Werner

Schloß Frain an der Thaya

Die größte deutsche Sprachinsel, der Schönhengstgau, in fast unmittelbarem Anschluß an die geschlossenen Siedlungsgebiete in Nordmähren und Nordostböhmen, bezog den Namen von der Lage auf dem Höhenzug, der wohl dazu führte, daß man die Hengste „schinden“ mußte. Entsprechend der Herkunft der Siedlerströme war diese Kulturlandschaft ein Sudetenland im Kleinen, ausgezeichnet durch prächtige Dörfer mit reichem Brauchtum, treffliche Städte und eine abwechslungsreiche Natur. Zwittau und Mährisch Trübau waren die einflußreichsten Städte auf der mährischen Seite. Der Revolutionär von 1849, später Herausgeber der deutschen New Yorker Staatszeitung, Oswald Ottendorfer, hat seiner Heimatstadt Zwittau große Stiftungen gemacht, voran die beispielgebende Volksbibliothek. Müglitz, häufig Opfer von Belagerungen und Eroberungen, Brüsau mit Textil- und Handschuherzeugung, Schildberg, bekannt durch seine sonderbare „Beutelschneiderzunft“, und Hohenstadt waren weitere Hauptorte auf der mährischen Seite. Hohenstadt mit in verschiedenen Zweigen aufstrebender Industrie wurde national hart umkämpft. Das deutsche Element geriet erst in der Tschechoslowakei in die Minderheit. Die Zentren des Schönhengst im böhmischen Teil waren Landskron und Leitomischl. Viele Dörfer im Umkreis blieben deutsch, während Leitomischl in diesem Jahrhundert fast ausschließlich der anderen Nation gehörte. Im späten Mittelalter war es für achtzig Jahre Bischofssitz mit Johannes von Neumarkt als erstem Bischof. Dieser nach einem seiner Wirkungsorte, dem schlesischen Neumarkt genannte Kanzler Karls IV. wurde im nordwestlich von Leitomischl gelegenen Hohenmauth geboren. Dem Humanisten, Übersetzer ins Deutsche, Chef der Prager Kanzlei und Verfasser deutscher Regelbücher für Amtshandlungen, aus dessen Schule bedeutende Stadtschreiber wie Johannes von Saaz hervorgingen, ist ein Hauptanteil an der Entwicklung der neuhochdeutschen Schriftsprache zu danken.

LAND AN DER THAYA

Vorwiegend eines Stammes war die deutsche Bevölkerung im zusammenhängenden Siedlungsgebiet vom Südosten Böhmens bis an die March. Dieses Südmähren ist in seinen östlichen Bereichen eine der fruchtbarsten Landschaften in Mitteleuropa. Zlabings, im Winkel zu Böhmen und Niederösterreich, hart an der Staatsgrenze, ist wie das nordöstlich gelegene Teltsch architektonisch in sich so vollkommen, daß man sich manchmal die Augen reibt und glaubt, in einer Märchenkulisse zu wandeln. Die sonderbare neue Verwaltungseinteilung hat es mit dem südböhmischen Kreis Neuhaus dem Südböhmischen Bezirk zugeschlagen, doch wohl nicht, weil dieser Bereich stammlich mehr zu Südböhmen gehörte. Die Südmährer beziehen ihrerseits Neubistritz und seine Sprachinsel in ihren Bereich mit ein.
Sonderbare Wege geht der Fluß Thaya. Die Mährische Thaya verläßt, von der Böhmisch-Mährischen Höhe kommend, östlich von Zlabings das Land und vereinigt sich mit der Deutschen Thaya, die südlich von Zlabings in Niederösterreich den Zlabingser Bach aufgenommen hat, bei Raabs, um darauf nach Mähren zurückzukehren. Zwischen Freistein

und Schloß Frain ist ihr gewundenes, sich an romantischen Felsen vorbeizwingendes Bett durch die Talsperre beträchtlich gehoben und erweitert. Burg Vöttau liegt nördlich über dem Tal. Von Zlabings aus kann man, an der streng bewachten und abgeschirmten Grenze entlang, geradewegs nach Frain fahren, einem der in seiner Schönheit großartigsten und aufregendsten Punkte Mährens. Das gilt für seine Lage hoch auf dem Felsen über der Flußkrümmung, für seine Geschichte und erst recht für den Spannungsreichtum seines architektonischen Bildes. Zwischen gotischer Burg und neugotischen Umbauten stehen in leuchtendem Kaisergelb das barocke Schloß und die Schloßkirche. Das Reichsbarock des Johann Bernhard Fischer von Erlach feiert hier im Ahnensaal Triumphe. Das den Habsburgern eng verbundene Grafengeschlecht der Althan hat sich mit den Fresken des Johann Michael Rottmayr in der ovalen Kuppel eine bleibende Selbstverherrlichung geschaffen. In den elegant-wohnlichen Räumen sind Meisterwerke des Frainer Steinguts zu betrachten.
Die im 19. Jahrhundert berühmte Manufaktur wird auch im Museum des Znaimer Schlosses dokumentiert. Vergeblich fragt man nach den Skulpturen und den Gipsmodellen von Hugo Lederer (Fechterbrunnen Breslau, Bimarckdenkmal Hamburg), der im letzten Krieg aus Berlin seine Atelierbestände, um sie den Bombenangriffen zu entziehen, in seine Heimatstadt auslagerte. Doch wird des im nahen Poppitz geborenen ehemaligen Prager Kreuzherrenmönchs und späteren USA-Bürgers Karl Postl gedacht, der als Charles Seafield zum Begründer des amerikanischen realistischen Romans wurde.
Vom Museum aus bietet sich dem Blick das Thaya-Panorama bis zum romanischen, von Johann Lucas von Hildebrandt barockisierten Prämonstratenserstift Klosterbruck. Znaim, mit dem mährischen Adler im Wappen, war die erste der markgräflichen Hauptstädte. Seiner großen weltlichen und geistlichen Geschichte, der Leistung seiner Bürger begegnet man auf Straßen und Plätzen, selbst in den Gewölben und Treppen der alten Patrizierhäuser um das Rathaus. Mit dem übereck gestellten doppelten Haupthelm des Rathauses hat der südmährische Baumeister Niklas von Edelspitz 1445 auf seine Weise einen südmährischen Gruß an Peter Parler und seine Prager Türme über ein Jahrhundert hinweg gerichtet. Zum Begriff wurde freilich Znaim durch seine Gurken wie Nikolsburg und Feldsberg durch den Wein. Die Thaya, die sich sonst um politische Grenzen nicht schert, bildet auf einer Strecke zwischen Frain und Znaim und nochmals vor ihrer Mündung in die March südlich Lundenburgs die Grenze. Dazwischen hat sie einen Bogen nach Süden gemacht, ein Stück nach Österreich hinein, verhilft dort dem Städtchen Laa an der Thaya zu seinem Namen, um in einem nördlichen Bogen Nikolsburg zu umgehen, neuerdings in dem uralten Kulturgebiet bei Unter Wisternitz einen Stausee zu füllen und die Pollauer Berge im Süden zu lassen.
Hier und in der Ebene um Nikolsburg gibt es fruchtbarstes Land, brütet die Sonne an den karstigen Hängen, ist alles, auch die Gestalt der Dörfer südlich gestimmt wie sonst nirgends in dem fruchtbaren Mähren. Das alte Nikolsburg

Schloß Eisgrub

hat ganz österreichisches Gepräge. Die Liechtenstein waren einige Zeit Herzöge von Nikolsburg. Doch die längste Zeit, bis in die Gegenwart, wuchs es im Zeichen der Dietrichstein. Die beiden Hippen (Winzermesser) im Wappen der Dietrichstein und der Stadt weisen auf den naturgewachsenen Reichtum hin.
Ehrwürdige Tradition und berühmte Schüler und Lehrer weist das alte Piaristengymnasium am Rande der Stadt auf. Vom Südmährerkreuz bei Kleinschweinbarth in Niederösterreich hat man einen umfassenden Blick auf Nikolsburg und den Heiligen Berg mit der Wallfahrtskirche St. Sebastian, im Hintergrund die Pollauer Berge. Liechtensteinisch sind die beiden Schlösser im Osten. Ein monumentaler Barockbau steht in Feldsberg, der eigentlichen Residenz des Imperiums, das in gut zu bewältigenden Etappen seinen Besitz von Niederösterreich bis nach Troppau und Jägerndorf ausbaute. Schloß Eisgrub entstand aus einem alten Wasserschloß, wurde immer wieder verwandelt und schließlich zu dem vielbewunderten und beispielhaften Flügelbau des vorigen Jahrhunderts im Tudorstil umgebaut. Feldsberg ist erst durch

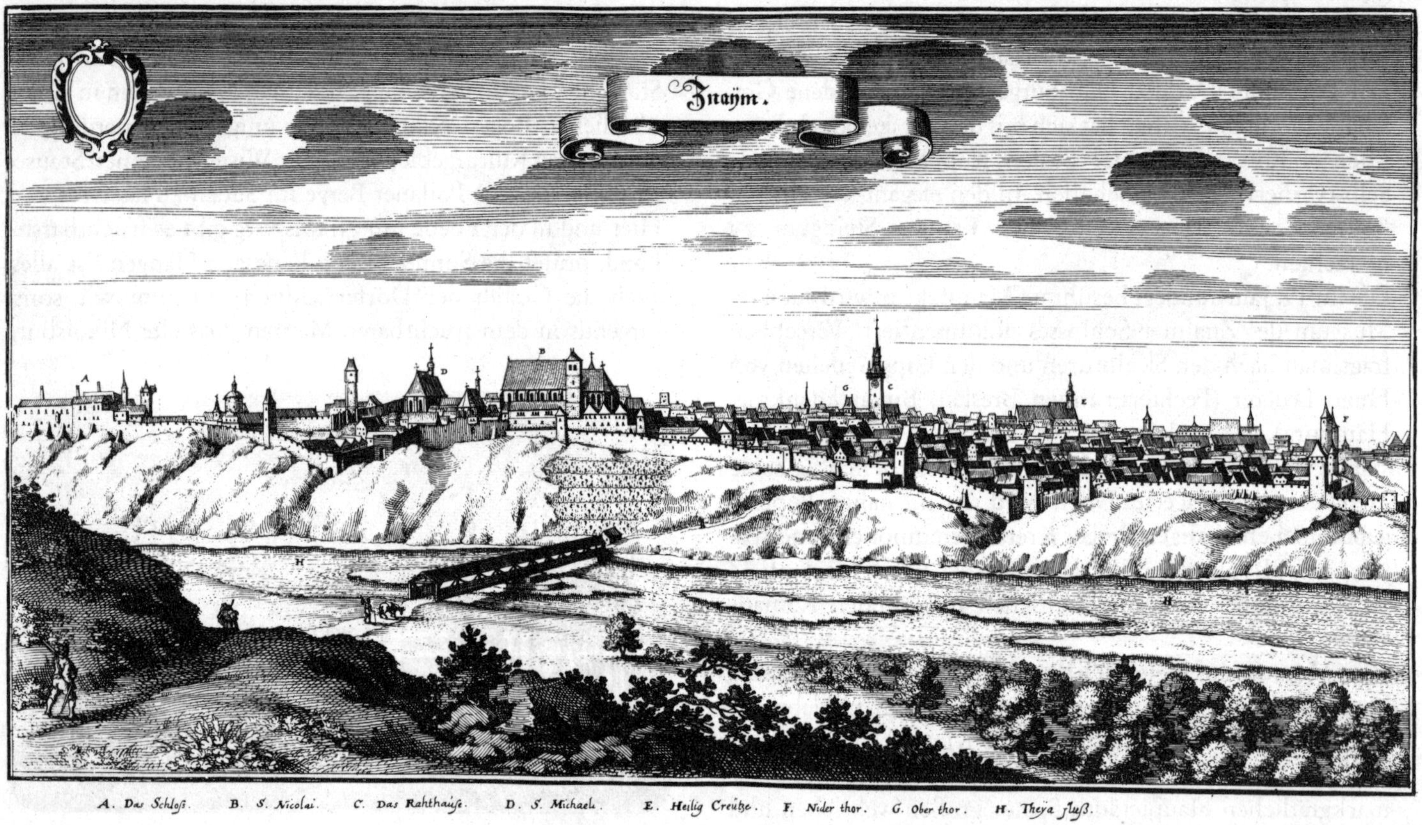

Znaim – aus Merians Topographie (1650)

den Vertrag von St. Germain zu Mähren gekommen. Die Grenze berührt heute den weiten Park der beiden Schlösser, der in einem riesigen Areal, mit Teichen, spätbarocken und klassizistischen Phantasiebauten inmitten eines dichten Baum- und Hügelgeländes an der Thaya eine Fremdenverkehrsattraktion erster Ordnung bildet.
Verbindet sich hier Kunst mit Landschaft auf eine sonderbare Weise, so sind wir am Stacheldraht an die Gegenwart erinnert, in der die Menschen dies- und jenseits der Grenze leben. Lundenburg, die Stadt mit altem Kern, bedeutender deutscher Minderheit und mit wachsender Industrie, liegt im südlichsten Zwickel Mährens zwischen Thaya und March. Nach dem Ersten Weltkrieg, da die Zollstelle des Grenzbahnhofs wegen ihrer Strenge und Härte berüchtigt war, galt die Bezeichnung „Die Hölle von Lundenburg".
Viele Dörfer des Landes, Wallfahrtskirchen, Burgen und Bildstöcke verdienten, erwähnt zu werden, doch müssen wir uns auf wenige Hinweise beschränken. Gegen Brünn zu, dessen alter Sprachinsel ganz nahe kommend, lappte sich das deutsche Gebiet weit vor. Pohrlitz, seit hundert Jahren Stadt, zeigt nur wenig von seiner alten Gestalt. Hier war eine der bitteren Stationen des schrecklichen Todesmarsches der Brünner Deutschen im Jahre 1945. Auf dem weiteren Weg zur Landeshauptstadt liegt Raigern, das Benediktinerkloster, dessen Kirche Santin Aichel ihre hochbarocke Gestalt gab. Die Tafeln des spätgotischen Raigerner Altars gehören zu den Meisterwerken im Brünner Landesmuseum. Auspitz, südöstlich von Pohrlitz, ein Land- und Weinbaustädtchen, hat sein markantestes Bauwerk 1961 verloren, als nach dem Einsturz des Turmes die einst dem Deutschen Ritterorden zugehörige Marien- und Wenzelskirche abgerissen wurde. Auf dem Habsburgerschloß Groß Seelowitz im nordöstlichen Vorsprung des deutschen Sprachgebiets, an der Straße nach Brünn, wurde der letzte Hoch- und Deutschmeister aus dem Kaiserhaus, Erzherzog Eugen geboren. Als Jagdschloß (Fasanenjagden!), internationaler Konferenzort und staatliches Gästehaus ist es unter den verschiedenen Systemen berühmt geworden. Mit dem Schloßbau wird Josef Emanuel Fischer von Erlach, mit dem Bau der Kreuzerhöhungskirche Johann Lucas von Hildebrandt in Verbindung gebracht.

Kaiser-Wilhelm-Turm auf dem Spieglitzer Schneeberg

Im nordwestlichen Lappen ist Mährisch Kromau, südlich der unterhalb von Pohrlitz in die Thaya fließenden Igel, der Hauptort. Das Städtchen mit deutscher Minderheit, das eines der schönsten erhaltenen Stadtbilder Mährens zeigt, wird wegen seines Renaissanceschlosses mit dreigeschossigen Arkaden aufgesucht. Der Arzt Theophrastus Paracelsus war hier 1537 und 1538 Gast. Stadt und Bevölkerung haben gegen Schluß des Krieges unter sowjetischem Bombardement schwer gelitten.
In den meisten Städten Südmährens sind alte Judenfriedhöfe erhalten. Auch sonst erinnert manches daran, daß es in diesem Land bedeutende jüdische Gemeinden innerhalb der Städte und Dorfgemeinden mit zahlreichen jüdischen Handwerkern und Bauern gegeben hat.

ALTVATERLAND – OSTSUDETENLAND

Die March entspringt unter dem Spieglitzer, je nach Standort und Sichtfeld auch Glatzer oder Grulicher Schneeberg genannt. Sie trennt, bevor sie durch Olmütz fließt, das Altvaterland vom Schönhengstgau. Der Ostteil der Sudetengebirge, das „Schneegebirge" an der Grenze zum Glatzer Kessel, das Hohe und Niedere Gesenke waren, mit Ausnahme des flacheren Umlandes von Troppau, als östlichste geschlossene Sprachsiedlung der mittelalterlichen Siedlungsbewegung ein durch und durch deutsches Land. Der schlesische Menschenschlag auf der mährischen und sudetenschlesischen Seite war mit den Waldgebirgen, langen Tälern und Siedlungen innig verwachsen.
Goldwäscher wurden fündig. Orts- und Flurnamen, häufig auf „-seifen" endend, weisen darauf hin. Weber, Tuchmacher, Holzarbeiter, Häusler waren hier ansässig, bevor sich eine bescheidene, an den Rändern bedeutende Industrie entfalten konnte. Alte Heeres- und Handelsstraßen erschlossen früh das Land. Die sich bei Hannsdorf gabelnde Bahn trug

Gschaderhaus (Museum) in Mährisch Schönberg

Schloß Groß Ullersdorf

im vorigen Jahrhundert zur Hebung des Fremdenverkehrs, zum Aufblühen von Badeorten und Sommerfrischen bei. Die landschaftlich reizvolle Strecke über das Gemärke, von Böhmen ins Gebirge und weiter nach Preußisch Schlesien und über Jägerndorf nach Troppau, hat den Namen „Schlesischer Semmering" erhalten und verdient.
Von Mährisch Schönberg geht die westliche Straßenverbindung zunächst zum Marchtal, nach Hannsdorf, dann an der Väterheimat Franz Schuberts bei Mährisch Altstadt vorbei über Goldenstein und den Ramsauer Sattel nach Nieder Lindewiese. Johann Schroth, Bauer und Naturheiler, hat 1829 in Nieder Lindewiese mit der nach ihm benannten Kur begonnen. Bei einfachsten Methoden des Entzugs wurden erstaunlichste Heilwirkungen erreicht. In Oberstaufen im Allgäu werden die Schrothkuren traditionell fortgesetzt. Nur vier Kilometer weiter hat 1826 der 1799, ein Jahr vor Schroth geborene Vinzenz Prießnitz, aus verwandter Einstellung zur Gesundheit und zum Kuren als zunächst umstrittener Kaltwasserapostel sein Heilverfahren entwickelt. Sein Gräfenberg erreichte, mehr noch als Nieder Lindewiese, den

Schuberts Vaterhaus in Neudorf Alt

Rang eines Weltbades. Ähnlich wie in Karlsbad bezeugen verschiedene Denkmäler den Dank der Geheilten.
Die östliche Route nach Freiwaldau, mit dem Gräfenberg zusammengewachsen ist, führt von Mährisch-Schönberg zum Roten Berg. Nicht so berühmt wie das in grüner Landschaft gelegene Groß Ullersdorf und nicht zugänglich sind die Schlösser Wiesenberg im oberen Teßtal und Zöptau im Mertatal, einem Seitental des Teßtals. Franz Josef II., Fürst von Liechtenstein, der in Wappen und Titel sich als Herzog von Troppau und Jägerndorf bezeichnete, ist als Sohn des letzten Besitzers aus der hier seit 1802 ansässigen Linie Liechtenstein-Kromau auf Schloß Ullersdorf aufgewachsen, das er als seine eigentliche Heimat betrachtete. Im Teßtal und Mertatal entfalteten die aus einfachen Verhältnissen aufgestiegenen Klein ihr Imperium. Als Großunternehmer im Straßen-, Eisenbahn- und Festungsbau hatten sie Verdienste erworben, die ihnen die Baronierung (Klein von Wisenberg) einbrachten. Eisenerzvorkommen, seit einem halben Jahrtausend Grundlage der Fabriken im Tal, wurden von ihnen, einer Art mährischer Krupp, ausgebeutet. In Wiesenberg kam einer der bedeutendsten Pianisten der Welt, Alfred Brendel, zur Welt.
In Freiwaldau, dessen „Hausberg", die Goldkoppe, an die Begründung seines Reichtums erinnert, an dessen Abbau sich sogar die Fugger beteiligten, steht auf dem hübschen quadratischen Marktplatz ein schlichtes Rathaus der Renaissancezeit. Eine Tafel am alten Wasserschloß und das kleine Museum im Schloß erinnern an den Komponisten Ditters von Dittersdorf, der hier und in Jauernig als Amtmann und Forstmeister tätig war. Er stand in Diensten des Breslauer Fürstbischofs Philipp Gotthard Graf Schaffgotsch, eines Gegners Friedrichs des Großen, der Dittersdorf in erster Linie als Hofkapellmeister engagiert hatte. Dittersdorf lohnte es ihm auch mit dem Ausbau eines Orchesters und Opernensembles auf Schloß Johannesberg oberhalb des Grenzstädtchens Jauernig im äußersten Vorsprung Sudetenschlesiens. Auf dieser Grenzfeste der Breslauer Bischöfe, einem Wahr-

Altvatertum (früher Habsburgwarte)

Heidebrünnel im Altvatergebirge (vor dem Brande)

zeichen des Landes, weilten die Breslauer Herren sommers gerne. Der letzte, Kardinal Adolf Bertram, ist in Jauernig bestattet.
Als Sohn des Nachfolgers von Dittersdorf in der Funktion des Jauerniger Amtshauptmannes wurde auf dem Schloß der Balladendichter Joseph Christian Freiherr von Zedlitz-Nimmersatt geboren. Dessen einstiger Mitschüler Joseph Freiherr von Eichendorff war — von Neisse her kommend — im Alter hier gern zu Gast. Der nahe Grenzort Weißbach ist der Geburtsort des Bauernsohns Rudolf Rittner, eines der größten Schauspieler des Jahrhunderts. In seinem Gebirgsschlesisch, das man auch seiner Bühnensprache anmerkte, unterhielt er sich mit Vorliebe mit dem Duzfreund Gerhart Hauptmann, dessen Dramen er triumphale Erfolge sicherte.
Freiwaldau war der Hauptort jenes Teiles des Fürstentums Neisse, der 1742 bei Österreich blieb und bis nach dem letzten Krieg zur Diözese Breslau gehörte. Von hier führen mehrere Straßen zu den schönsten Punkten des Altvatergebirges. In nördlicher Richtung kommt man nach Weidenau, das sein historisches Stadtbild bewahren konnte und Sitz von Priesterseminar und Knabenkonvikt der Breslauer Diözese war. Im nahen Saubsdorf, in der geologisch interessanten und im weiteren Bereich durch manche erst in diesem Jahrhundert erschlossene Tropfsteinhöhle ausgezeichneten Bergwelt, hatte die Fachschule für Steinbearbeitung einen guten Ruf. In mehreren Steinbrüchen wird der weithin geschätzte schlesische Marmor abgebaut. Nach Südosten geht es auf waldiger Straße über die Gabel direkt oder auf einem Umweg über die Bergbau- und Fabrikstadt Würbenthal in das Herz des Altvaterlandes, nach Bad Karlsbrunn. Und weiter über Engelsberg, dessen Name allein, wie so viele in der „Grünen Schles", anheimelnd ist und von dem Komponisten Eduard Schön als Heimatbekenntnis zum Künstlernamen gewählt wurde, nach Freudenthal.
Die Straße nach Osten führt von Freiwaldau über das verwunschene Reihwiesen nach Zuckmantel, dem Bergstädtchen unter der Bischofskoppe und der Ruine Edelstein. Hier wurde die Mutter Franz Schuberts geboren. Einer der beliebtesten Wallfahrtsorte des Landes war Maria Hilf, das auch von vielen Pilgern jenseits der Grenze aufgesucht wurde.
In der „Schnauze" des Hundskopfes, mit dem man das

Schloß Johannesberg in Jauernig

österreichisch-schlesische Land wegen der bizarren Grenzziehung verglichen hat, liegt das im letzten Krieg schwer zerstörte Städtchen Hotzenplotz. Es war dem Herzogtum Jägerndorf und der Diözese Olmütz zugehörig, als größte der vielen mährischen Enklaven, deren Entstehung aus der Siedeltätigkeit des Olmützer Bischofs Bruno von Schaumburg zu erklären ist. „Die Hotzenplotza Eisenboahne" liefert, ähnlich wie die Schwäbische Eisenbahn, reichlich Stoff für mancherlei Geschichten und Spottverse. Roßwald, südlich von Hotzenplotz, kann als schlesisches Kukus bezeichnet werden. Zeitgenossen rühmten es als „schlesisches Versailles". Der sonderliche, genialische Graf Albert Joseph Hoditz ließ hier große Kunst auf seinem Barocktheater aufführen, Ditters von Dittersdorf gastieren, narrte aber auch seine Gäste aus aller Welt mit technischen Überraschungen in Schloß und Park. Er führte ein verschwenderisches Leben. Sein Freund Friedrich II., der ihn mit Voltaire hier besucht hatte, gewährte dem schließlich verarmten und vereinsamten

Fürstbischöfliches Schloß in Freiwaldau

Geburtshaus Hans Kudlichs in Lobenstein

„Zaubergrafen" in seinem Potsdam ein Altersasyl. Wenig ist von dem alten Glanz geblieben.

Jägerndorf und Troppau waren nach den Schlesischen Kriegen Grenzstädte geworden. So manche bedeutende Orgel mit dem Markenzeichen Rieger hat den Namen der seit 1623 liechtensteinischen Herzogstadt Jägerndorf in die Welt getragen. Erfolgreich war der Werbespruch für den beliebten Likör, die Zugehörigkeit der Stadt zum Altvaterland bekräftigend: „Drei Worte: Altvater Geßler Jägerndorf". Die Wallfahrtskirche „Zur schmerzhaften Muttergottes" auf dem Burgberg mit Ruine Schellenberg und Aussichtswarte beherrschen das Stadtbild. Im Grenzort Lobenstein an der Oppa ist der Bauernbefreier Hans Kudlich geboren.

Von der Deutschordensstadt Freudenthal aus, zu deren Herrschaft Würbenthal und Engelsberg gehörten, wurden die Ordensgüter in Schlesien und Nordmähren verwaltet. Um 1900 ließ Hochmeister Erzherzog Eugen die mittelalterliche Burg Busau westlich von Littau auf einer Anhöhe im Wald zu einem gotisierten Repräsentationsbau gestalten, der architektonisch und mit von weither geholten Kunstwerken,

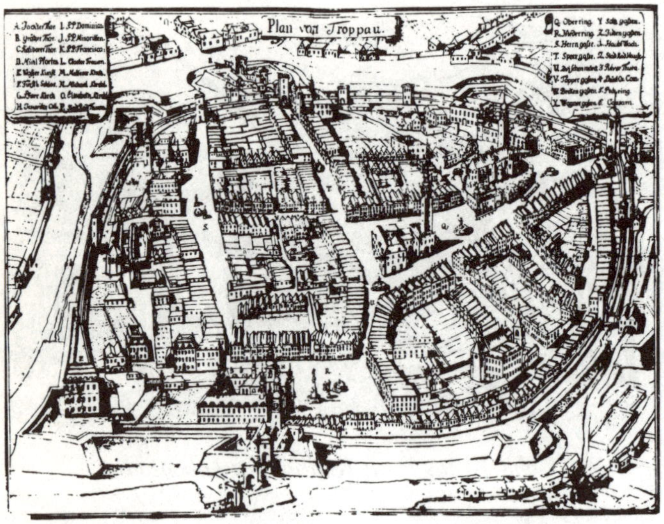

Stadtplan von Troppau (anonym, um 1730)

Grabplatten usw. zugleich auf die Schwer- und Höhepunkte des Ordens hinwies. Südlich des historischen Bergstädtchens Römerstadt steht die gotische Eulenburg, seit 1623 gleichfalls im Besitz des Ordens.

Eine alte Straße führt von Freudenthal über das als Silberbergstadt gerühmte Bennisch (später gab es dort Textilindustrie) und durch eine Landschaft, in der der blaugraue Dachschiefer gebrochen wird, nach Troppau. Die alte Herzogstadt, die Sitz der Seitenlinie der Przemysliden, ab 1614 liechtensteinisch war, ab 1742 bis zur Einverleibung Schlesiens in Mähren 1928 Hauptstadt Schlesiens und später nochmals Sitz der Regierung des Ostsudetenlandes, spiegelt die allgemeine Entwicklung wie kaum eine andere Stadt. Sie ließ sich gerne das schlesische Graz oder Wien nennen — und war mit ihrem mittelalterlichen Ober- und Niederring, dem Schmetterhaus inmitten des Platzes, zugleich ein Klein-Breslau. Troppau wirkte beispielhaft als Kunst- und Verwaltungsstadt, es besaß ein berühmtes Schlesisches Landesmuseum, Gymnasium, Theater, Kirchen, Klöster und Paläste. Die Kommenden des Deutschen Ordens in Troppau und Prag, seit 1204 bezeugt, sind die ältesten in Mitteleuropa. Von Anfang bis zur Auflösung durch die Nationalsozialisten und nochmals durch den neuen Staat war die hochaufragende Propsteipfarrkirche, eines der südlichsten Zeugnisse der Backsteingotik, Kirche des Ordens. Die letzte Phase des Ordens in den Sudetenländern, der in Troppau und im Altvaterland mustergültige Einrichtungen der Krankenpflege und des Schulwesens schuf, ist an Troppau gebunden.

Metternich schrieb 1820 beim Troppauer Kongreß, zu dem neben den Herrschern Österreichs, Rußlands und Preußens viel europäische Elite zusammengekommen war: „Die Troppauer sind ganz stolz über den Lärm, den sie in der Welt machen." Stadtpalais und Landschlösser im Umkreis, darunter Radun, das zuletzt den Fürsten Blücher gehörte, erwecken geschichtliche und kulturelle Erinnerungen. Das bedeutendste ist, keine 10 km südlich, Schloß Grätz. Es war, vor Troppau, zunächst Sitz der Przemysliden. Denkwürdig ist es vornehmlich durch die Fürsten Lichnowsky geworden, deren Gästebücher bedeutende europäische Künstler, Herrscher und Adelige aufweisen. „Beethovens Grätz" nennen es heute auch die Tschechen. Auf einer Anhöhe über dem Mohratal in einem landschaftlich berühmten Park gelegen, hat es seine Rolle in der Kulturgeschichte bewahrt.

Wintersitz der Lichnowsky war bis 1945 das viel kleinere und unbedeutendere Schloß Kuchelna im Hultschiner Ländchen. In seinem Park steht die Fürstengruft.

AM URSPRUNG DER ODER

Eine alte Verbindungsstraße führt von Olmütz nach Schlesien über das mährische Sternberg. In diesem Jahrhundert ist über der historischen Stadtsilhouette die international bekannte Rennstrecke für Motorräder, „Ecce homo" genannt, ausgebaut worden. Der Weg über das Niedere Gesenke nach Troppau führt über Bautsch im sprichwörtlich bekannten mährischen Städtedreieck Hof, Bautsch und Bärn. Die große Fernstraße von Prag nach Brünn über Olmütz umgeht südlich das Gebirge und berührt ostwärts zunächst Leipnik im Betschwatal, um dessen deutschen Stadtkern sich Industrie ausbreitete.

Nördlich, im Odergebirge, das sich bis 681 m Höhe erhebt, entspringt der Fluß, der in den Jahrzehnten nach dem letzten Krieg zusammen mit der Neiße zum Symbolnamen für nationale und internationale Tragik und Auseinandersetzung geworden ist. Im sudetischen Teil haben die Städtchen Odrau und, kurz bevor das hier noch unscheinbare Gewässer das Land verläßt, Oderfurt und Oderberg von ihm den Namen.

Zu den bemerkenswertesten Kleinstädten im Niederen Gesenke gehört Wigstadtl mit einem Schloß der um das Land in wirtschaftlicher und kultureller Hinsicht vielfach verdienten Grafen Razumovsky, in der Nähe die Burgruine Wigstein.

Bevor die Hauptstraße in die Mährische Pforte führt, kommt man zu dem einst mehrheitlich deutschen Mährisch Weißkirchen, das, wie all die kleinen Städte, etwas von seiner altvertrauten Atmosphäre bewahren konnte. Etwa einen Kilometer lang erstrecken sich die Gebäude der Militär-Oberrealschule, in der Rilke nicht gerade seine glücklichste Zeit verbrachte, und die Kavallerie-Kadettenanstalt, die in der ganzen Österreichisch-Ungarischen Monarchie berühmt war. Durch sie ist Mährisch Weißkirchen auch in die Literatur eingegangen.

In dieser „milden und friedlichen" Landschaft (Karl Tschuppik) gemahnt die ausgedehnte, weit in die Betschwa-Ebene schauende Burgruine Helfenstein zwischen Leipnik und Weißkirchen daran, daß es sich hier um eine geographisch wie strategisch bedeutsame Gegend handelt. Durch die Mährische Pforte, die niedrigste Stelle der europäischen Hauptwasserscheide, wurde auch die Trasse der k. k. privilegierten Kaiser-Ferdinands-Nordbahn gelegt, der Hauptstrecke von Wien durch Mähren nach Schlesien und Galizien. Der Bau begann 1837. Anschlußstrecken erschlossen das Verkehrsnetz der Kronländer und stellten internationale Verbindungen her.

Sudeten und Karpaten kommen an der Mährischen Pforte einander ganz nahe. Zu den Ausläufern der Karpaten, den Vorbergen der Beskiden, gehört bereits die Kuppe, auf der sich die Ruine Alttitschein erhebt. In Neutitschein sind wir in der Hauptstadt des Kuhländchens, in dessen bürgerliches Gepräge stets der bäuerliche Reichtum des Umlandes hineinwirkte. Im Dorf Schönau, an der Straße nach Fulnek, wurde der Maler Anton Kolig geboren. Der spätere Stuttgarter Akademieprofessor hat die Bäuerinnen seiner Heimat in ihren bunten Trachten gemalt. Das am Schluß des Krieges 1945 schwer beschädigte Fulnek, einst Sitz der Mährischen Brüder, bietet mit dem malerischen Aufbau von Stadtplatz, Rathaus, Kirchen, Klöstern und Schloß eines der schönsten Stadtbilder Mährens. In Heinzendorf, im schlesischen Teil des Kuhländchens, ist Johann Gregor Mendel geboren.

Schloß Grätz bei Troppau

Bauernbrunnen von Franz Barwig in Neutitschein

In Sedlnitz, nordöstlich von Neutitschein, weilte Joseph Freiherr von Eichendorff gern auf dem kleinen Familienbesitz. Zum schlesischen Kuhländchen gehören auch Wagstadt und Königsberg. Dieses konnte es sich leisten, im Unterschied zu den berühmteren und größeren Städten gleichen Namens auf einen seine geographische Lage bezeichnenden Namen zu verzichten.

In dem bis zur Grenze vorstoßenden Keil, der West- von Ostschlesien trennt, liegt Freiberg, das auch heute noch seinen mittelalterlichen Ursprung erkennen läßt. Hier wurde 1856 der Begründer der Psychoanalyse Sigmund Freud geboren. Er sehnte sich noch im Londoner Exil nach den Wäldern der mährischen Heimat. In Freiberg kam auch ein anderer bedeutender deutschmährischer Jude zur Welt, der Historiker Bertold Bretholz, der die Theorie von der Kontinuität germanisch-deutscher Besiedlung entwickelte.

Der später ganz tschechisch gewordene Geburtsort des Komponisten Leoš Janáček, südöstlich unter der mächtigen gleichnamigen Ruine Hochwald gelegen, ist schon von seinem Namen her Anlaß zu einer Rückschau auf die Siedlungsgeschichte des nordmährisch-schlesischen Landes. Während der Name Hochwald die neuhochdeutsche Sprachentwicklung anzeigt, bewahrt die tschechische Bezeichnung Hukvaldy den Ursprung deutlicher. Der Schriftsteller August Scholtis, der das nationale Übergangsland seiner Heimat, des Hultschiner Ländchens, in seinen Romanen und Essays gültig geschildert hat, weist in seinem schönen Versuch „Musik des mährischen Dialekts“ auf diese Zusammenhänge hin:

„Für diese Gegend zwischen Ostrau und Troppau, wo unter vielen anderen auch das Geschlecht ‚derer von Eichendorff‘ fünfhundert Jahre ansässig war, bekunden die deutschen Chronisten: ‚Im anschließenden Ostmähren kolonisierte seit der Jahrhundertmitte Graf Franko von Hukeswage aus dem niederrheinischen Geschlecht (Hückeswagen östlich Solingen), an das heute noch die Burg Hochwald (früher Hukeswage) östlich Neutitschein erinnert. 1251 war die von Franko begründete Stadt Freiberg in vollem Aufbau. Im alten Olmützer Bistumsbesitz um die 1267 erstmals genannte Stadt Mährisch Ostrau legte Bruno von Schaumburg die Waldhufendörfer Teufelsdorf (Privos, später Oderfurt), Witchendorf (Witkowitz), Zabreh, Alt und Neu Biela und Klein und Groß Hrabova an. Südlich davon gründete er auf einem durch Kauf erworbenen Waldgebiet vor 1267 das Städtlein Friedberg (später Neustädtel, tschechisch Mistek) und die großen Dörfer Staritsch und Bruneswerde (Altendorf bei Braunsberg), 1269 dann die nach ihm benannte Stadt Brunsperg (Braunsberg) und das mit ihr in Verbindung stehende Fritzendorf (Fritschowitz). Gegen Ende des 13. Jahrhunderts drang die Siedlung immer weiter nach Süden in die Beskiden ein. Die Städte Pharkasstadt (wahrscheinlich Friedland) 1299 und Frankstadt mit den umliegenden Waldhufendörfern stehen am Ende dieser Entwicklung.‘“

TESCHEN UND OSTSCHLESIEN

Seit der Mitte des 12. Jahrhunderts gehörte Teschen den Piasten, zunächst als Teil des Herzogtums Oppeln, darauf als Residenz eines eigenen Herzogtums bis ins 17. Jahrhundert. Nach dem Tod des letzten männlichen Erben kam es durch die Heirat von Elisabeth Lucretia, der letzten Piastin, mit Gundacker von Liechtenstein an dieses Fürstenhaus, nach dem Aussterben der Nebenlinie 1653 an das Haus Habsburg. Einer der Lehensträger, Albert, Herzog von Sachsen-Teschen, Schwiegersohn Maria Theresias, gab der von ihm begründeten Graphischen Sammlung in Wien, der Albertina, den Namen. Mit dem Frieden von Teschen wurde 1779 der Bayrische Erbfolgekrieg beendet.

Der Merianstich zeigt die heute nicht mehr so imposante Silhouette von Stadt und Burg. Von dieser sind noch der Piastenturm und die als ältester Steinbau im schlesischen Bereich geltende frühromanische Rotunde der Burgkapelle erhalten. Im vorigen Jahrhundert kam das von Josef Kornhäusel gebaute klassizistische Schlößchen hinzu. Die Burg und die alte Stadt mit ansehnlichem Rathaus und Patrizierbauten auf dem rechten Olsaufer gehörten seit 1920, nach der Teilung Ostschlesiens, als Polnisch Teschen zu Polen.

Tschechisch Teschen auf dem linken Ufer hatte 1930 noch ein gutes Drittel Deutsche. Die Slonzaken unter ihrem Bürgermeister Koždon, slawischer Herkunft, doch sich zum Deutschtum bekennend, waren aktive Schlesier. Teschen ist seit 1920 eine geteilte Stadt. Nur vom Münchner Abkommen bis zum Ausbruch des Zweiten Weltkriegs war die ganze Stadt mit dem Olsaland polnisch besetzt, danach bis Kriegsschluß bei Oberschlesien. Die Teilung der Stadt und des Olsalandes belastet bis heute das tschechisch-polnische Verhältnis.

Teschen, die seit dem 13. Jahrhundert deutsch geprägte Tuchmacherstadt Bielitz mit Sprachinsel und der bereits in Galizien liegenden Schwesterstadt Biala wie auch das westlich an der oberen Weichsel gelegene Skotschau waren kulturell nach Wien hin orientiert. Sie gehörten zu dem bis 1919 viel größeren Ostschlesien. Die mittelalterliche Besiedlung, an die auch hier noch viele Ortsnamen erinnern, war nicht breit und dicht genug, um die Einbußen nach der Hussitenzeit auszugleichen. Überall, voran in Friedek hielt sich jedoch bis zuletzt ein stattliches deutsches Bürgertum. Friedek mit der Schwesterstadt Mistek (Friedberg) am linken Ufer, Friedland an der Ostrawitza und Frankstadt im Erholungsgebiet der Mährisch-Schlesischen Beskiden sind steingewordene Zeugen der Vergangenheit und österreichischer Eleganz.

Ein eigenes Schicksal erlitt der zum Herzogtum Ratibor gehörende Teil Oberschlesiens, der als „Hultschiner Ländchen" durch den Versailler Vertrag 1920 der Tschechoslowakei zugeschlagen wurde, entgegen dem Willen der Bevölkerung, die sich mit über 90 v. H. in einer privaten, bald verbotenen Abstimmung für das Verbleiben beim Deutschen Reich entschieden hatte. Die Hultschiner sind zwar großenteils slawischer Muttersprache, setzen sich aber bewußt von den Tschechen ab und fühlen sich kulturell als Deutsche. Sie

Neutitschein mit Ruine Alttitschein

haben auch in der neuen Republik überwiegend den deutschen Parteien ihre Stimmen gegeben. Da ihnen die deutschen Schulen genommen wurden, sorgten Geistlichkeit und Kulturorganisationen für Privatunterricht. Nach Troppau schickte man die Kinder auf die höheren Schulen. Hultschin und Deutsch Krawarn sind die bedeutendsten Orte des Ländchens. Die Wiener Rothschild, die starken Einfluß auf den Gruben- und Industriebesitz im Ostrauer Revier hatten und große Ländereien um Hultschin besaßen, ließen im vorigen Jahrhundert Schloß Schillerdorf klassizistisch ausbauen. Die Weihnachtskarpfen aus den Schillersdorfer Teichen waren fast so berühmt wie die Wittingauer.

Teschen — aus Merians Topographie (1650)

BILDERVERZEICHNIS

Kreisangaben nach jetziger Verwaltungseinteilung

BILDNACHWEIS

Hönig, Kurt: 86, 88, 101, 103, 110, 115, 122, 128, 131, 136, 137, 139, 144—146, 148, 149, 151, 153—156, 161, 164, 167, 169—171, 189—195, 205, 206, 208—212; Iser, Franz: 158; Mader, Friedrich: 114; Neuhoff, Heinrich: 76—83, 87, 89—97, 102, 138, 160, 174—177, 187; Oberst, Anton: 73, 143; Puschmann, Klaus: 118, 165; Raabe, August: 173; Riedl, Wolfgang: 98, 99, 172, 196, 214; Salomon, Josef: 84/85, 105, 107, 108, 111—113, 116, 119, 120, 124, 126, 134, 140, 147, 150, 152, 157, 159, 178, 179, 181, 182, 184, 186, 199, 201—203, 207, 215; Seckbach, Matthias: 74, 75, 100, 104, 106, 109, 117, 121, 123, 125, 127, 129, 130, 132/133, 135, 141, 142, 162, 163, 166, 168, 180, 183, 185, 188, 197, 198, 213, 216; Smart, David: 200; Schneider, Johann: 204.

ZEICHNUNGEN

Rud. Bernt: 15, 16, 44, 55, 58; Wilfried Brosche: 36, 37; Hugo Charlemont: 47 b; Hasso Freischlad: 61, 62 a, 63 a, b; W. Gawlert: 41; A. Gläßler: 33; Hofbauer: 53; Walther Klemm: 28; Adam Kraft: 29; Helmut Krommer: 65b; Fritz Kruspersky: 28; Alfred Kubin: 19; Josef Lidl: 56; Merian: 12/13, 26, 31, 51, 60, 70; K. Liebscher: 9, 10; R. Müller: 47 a; I. Pfeifer-Fried: 46; R. Reimesch: 48; Ludwig Richter: 7; Karl Schmitt: 43; Ernst Scholz: 34, 64 a; Urbassek: 65 a; A. Weber: 17, 50, 52; F. B. Werner: 54, 57; Verlagsarchiv: alle übrigen Vorlagen.

73 Wie ein Balkon zur Betrachtung Südböhmens erhebt sich auf 1084 m der SCHÖNINGER nördlich von Krummau. Von ihm aus blicken wir ins Land und beginnen unsere Rundreise, der Worte des Dichters Karl Franz Leppa aus Budweis gedenkend: „Das sind die böhmischen Wälder im ureigensten Sinn. Unser aber blieb als trautes Heimatbild mehr: der weit hinausschwingende Arm der Gebirge, dazu ihr Vorland im Innern des Raumes, den sie umfangen halten.“ Von dem ältesten Aussichtsturm Böhmens aus (errichtet 1825) kann man bei klarem Wetter bis zur fernen Alpenkette sehen.

74 Der SCHWARZE SEE ist der größte Böhmerwaldsee. Er liegt über 1000 m hoch, unweit von Markt Eisenstein nahe der Sommerfrische Spitzberg (früher Dorf Eisenstein), in urwaldhafter Landschaft. Sein Wasser ist bis zu 40 m tief. Hans Watzlik aus Unterhaid schrieb: „In ein feierlich weites Bergkar, das vom blauen Glast erfüllt war, gebreitet, atmete der See, den Spiegel gefärbt von Fels, Wald, Himmel und Schatten, lauschenden Ureinsamkeiten hingegeben." Der andere Gletschersee heißt Teufelssee. Zu den schönsten Seen in der Waldlandschaft gehören der Arbersee und der Plöckensteinsee, um den sich Stifters Erzählung „Der Hochwald" rankt. Im Kapitel „Waldburg" nennt er ihn „ein unheimlich Naturauge . . . drin das Wasser regungslos, wie eine versteinerte Träne . . . Ein gespanntes Tuch ohne eine einzige Falte, liegt er weich zwischen dem harten Geklippe, gesäumt von einem dichten Fichtenbande, dunkel und ernst, daraus manch einzelner Urstamm den ästelosen Schaft emporstreckt wie eine einzelne altertümliche Säule."

75 Adalbert Stifter, eine bedeutende Doppelbegabung, hat seine Heimat ebenso romantisch wie realistisch in Wort und Bild geschildert. Zweimal hat er die zerklüftete TEUFELSMAUER an der Moldauenge zwischen Friedberg und Hohenfurth gemalt. In seiner Erzählung „Der Waldgänger" erzählt er die altüberlieferte Heimatsage, wie es dem Teufel mißglückt ist, die Mönche der Abtei Hohenfurth, von denen er fürchtete, daß sie ihm viele Seelen entzögen, „mit dem Wasser der Moldau zu ertränken". Von der Teufelskanzel hat man den besten Blick auf die gewaltigen Felsentrümmer.

76 Dieses Bild muß besonders traurig stimmen. Denn die in Böhmen einzigartigen Holzhäuser, die WALLERN im Kreis Prachatitz, ein beliebtes Erholungsgebiet im Sommer und Winter, berühmt gemacht haben, sind großenteils verfallen, wenn nicht seit den sechziger Jahren abgerissen. Holz war das bestimmende Element nicht nur für den Hausbau (Balkenkonstruktion, flache steinbeschwerte Schindeldächer, Galerien) und das Ortsbild mit dem einst größten Holzhäuserbestand in Mitteleuropa: Den „Wallingern“ oblag es auch, den „Goldenen Steig“, die „behemisch Salzstraß“, auf der das kostbare Salz aus Sachsen und dem Salzburgischen befördert wurde, begehbar zu halten. Der hölzerne Knüppelboden war immer wieder zu erneuern. Die Siedlung aus dem 14. Jh., seit 1871 Stadt (mit vier Tannen im Wappen) war für die Holzschuhfertigung bekannt. Neben Landwirtschaft und Viehzucht herrschten Holzverarbeitung und -handel vor. Dem entsprach auch die Fachschule für Holzbearbeitung.

77 „In der Mitte des Tales ist der Marktflecken OBERPLAN, der seine Wiesen und Felder um sich hat, in nicht großer Ferne auf die Wasser der Moldau sieht." So beschreibt Adalbert Stifter seinen Heimatort, das „Heidedorf", dessen Marktplatz in fast 800 m Höhe ansteigt zur frühgotischen St. Magdalenen-Hallenkirche mit dem Grab der Mutter. Am Dorfeingang steht das Geburtshaus, kürzlich wiedereröffnet als Gedenkstätte und kleines Museum, mit Einrichtung aus dem früheren Böhmerwaldmuseum und einem der frühen Gemälde Stifters: „Oberplan und die Gutwasserkapelle".

78 FRIEDBERG rühmt Stifter im „Waldgänger". In der „Mappe meines Urgroßvaters" nennt er es Pirling: „Du freundlicher Ort, ich bin dir immer geneigt gewesen, wie du so lieblich auf deinem sammetgrünen Hügel liegst." Dreimal hat er es gemalt mit der St. Bartholomäuskirche und der nahen Ruine Wittinghausen. Um den Lippener Stausee, die größte Wasserfläche der Republik, wurde nach dem Zweiten Weltkrieg ein weites Erholungsgebiet geschaffen, doch mußten ein Teil von Friedberg, mehrere Orte und das von A. Stifter besungene „Moldauherz" geopfert werden.

79 Drei Werke von außerordentlicher Bedeutung sind an den Namen des an einer Moldaufurt von Mönchen aus Wilhering bei Linz 1259 besiedelten Zisterzienserklosters HOHENFURTH gebunden: der Hohenfurther Altar, ein Hauptwerk europäischer Tafelmalerei in Böhmen (jetzt Nationalgalerie Prag), um 1350, der mit der Witikorose, dem Wappen der Rosenberger, auf den Stifter Wok von Rosenberg, Oberstlandmarschall von Böhmen und Landeshauptmann von Kärnten, hinweist; die Hohenfurther Madonna (gleichfalls Nationalgalerie) und das Hohenfurther Liederbuch vom Ausgang des Mittelalters. Die hohe gotische Hallenkirche Mariä Himmelfahrt erinnert ebenso wie der Kreuzgang und die teilweise barockisierte Klosteranlage (Bibliothek!) an die Bedeutung des Stifts. Im Kloster sind eine Gemäldegalerie und ein Postmuseum untergebracht. Größte am Ort gebliebene Kostbarkeit ist der Kapitelsaal mit der auf dem Bild durch ein spätgotisches Fenster sichtbaren Rosette, deren Farben mystisch strahlen.

80 Über einer Moldauschleife erhebt sich Schloß ROSENBERG, zuletzt im Besitz der Buquoy, in mehreren Umbauten aus der Unteren Burg erwachsen, mit kunst- und kulturgeschichtlichen Sammlungen (Kreuzfahrergalerie). Von der Oberen Burg des 13. Jh., Stammsitz der Rosenberger, ist nach den Zerstörungen des 18. Jh. nur der Wehrturm („Hungerturm", rechts oben) erhalten. In der dem hl. Nikolaus geweihten gotischen Pfarrkirche am anderen Ufer ist Karl Bonaventura Longueval Graf Buquoy, siegreicher Befehlshaber in der Schlacht am Weißen Berg (1620), begraben.

81 KRUMMAU, das „böhmische Rothenburg" an der Moldaukrümmung, hat Bergbautradition. Sein mittelalterlich geprägtes Stadtbild zeigt viele markante Punkte: das Schloß mit hohem Rundturm der Renaissance, darunter dem ältesten Stadtteil „Latron" mit Klöstern und Fronleichnamskirche, am rechten Ufer die gotische Erzdekanalkirche St. Veit, das Rathaus mit Mariensäule und eine Fülle kulturhistorischer Denkmäler, so Lateinschule, Jesuitenkolleg, Kaplanei, Prälatur. Egon Schiele, Sohn einer Krummauerin, malte Motive des alten Krummau in zahlreichen Varianten.

82 Der MASKENSAAL mit den barocken Wandmalereien Joseph Lederers ist eines der Glanzstücke des Krummauer Schlosses, ein anderes das Theater von 1765/1766, einmalig in der vollständig erhaltenen Ausstattung (Maschinerie, Kulissen, Kostümfundus). Schausammlung und Einrichtung des Schlosses erinnern an die große Zeit der Witigonen, Rosenberger, Schwarzenberger. Über eine hohe Schlucht führt die Mantelbrücke zum Lustschlößchen Bellaria mit Hofgarten, Vasen- und Skulpturenschmuck und einer Freilichtbühne, deren Spezialität ein um sie drehbarer Zuschauerraum ist.

83 Die alte Rosenbergerburg GRATZEN gehörte nur neun Jahre den protestantischen Schwanberg. 1620 kam die konfiszierte Herrschaft an die Buquoy, die sie ausbauten. Das neue Empireschloß sollte wohl an ihren französischen Stammsitz erinnern. Die Kirche St. Peter und Paul am Marktplatz hat ein schönes gotisches Netzgewölbe. In Theresiental, nahe der Stadt, haben die mozartbegeisterten Grafen Buquoy im 18. Jh. einen „Garten der Freundschaft" mit Park und Pavillons errichtet, Modell für das „Neuschloß" in Eduard Mörikes Novelle „Mozart auf der Reise nach Prag".

84/85 Von dem neben der Kathedralkirche St. Nikolaus freistehenden Schwarzen Turm bietet sich das imposante Bild des mit 133 x 133 m zweitgrößten Ringplatzes von Böhmen. Unter den Bürgerhäusern prägen die im ganzen Geviert erhaltenen Laubengänge den Stadtkern, ebenso wie das einer Kirchenfassade ähnliche Rathaus von A. E. Martinelli mit drei Türmchen, das bischöfliche Palais (Bischofssitz seit 1784) und der barocke Samsonbrunnen. Zu den Besonderheiten von Budweis gehören die aus hygienischen Gründen im 16. Jh. veranlaßten gedeckten Fleischbänke — heute ein stets

überfülltes Bierhaus. „Samson" heißt ein Markenbier. Doch das bekannteste ist „Budvar", das kaum weniger als das Pilsner berühmte Budweiser; heute eine der wichtigsten Devisenquellen des Staates. Dank der Lage an der einst schiffbaren Moldau hat das 1265 von Przemysl Ottokar II. begründete BUDWEIS Bedeutung erlangt als Verwaltungszentrum Südböhmens. Weltfirma wurden (Holz und Graphit aus dem Umland) die Hardtmuth-Werke mit den Koh-i-noor-Bleistiften. Das beherrschende deutsche Element (dank Silberreichtum Königliche Bergstadt) verlor stets an Boden.

86 Zentrum des riesigen Fischteichgebietes von Südböhmen ist WITTINGAU. Die Stadt ist durch das Hauptwerk der Tafelmalerei des späten 14. Jh., den „Wittingauer Altar" (jetzt Nationalgalerie Prag) aus der Blütezeit der Rosenberger und der Gotik um Karl IV., in die Kunstgeschichte eingegangen. Ein Großteil der Befestigungsanlagen und der alten Laubenhäuser ist erhalten oder wiederhergestellt. Mörike läßt Mozart auf seiner Reise nach Prag hier Station machen. Jenseits des „Welt"-Teichs steht die Gruft der Schwarzenberg, deren Schloß den Altstadtbereich markant mitbestimmt.

87 ROTHLHOTA, als schönstes Wasserschloß Mitteleuropas gepriesenes, kostbar eingerichtetes Baudenkmal, erwuchs aus einer gotischen Festung in Umbauten mehrerer Jahrhunderte, doch entscheidend von der Renaissance geprägt. Es liegt, von Wäldern umgeben, im südböhmischen Teichgebiet nordwestlich von Neuhaus. Carl Ditters von Dittersdorf, auf dem Vorwerk Neuhof Gast des Freiherrn Franz Ignaz von Stillfried (der des Komponisten Tochter heiratete) diktierte auf dem Totenbett seinem Sohn seine Lebensbeschreibung. Er ist im nahen Deschtna bestattet.

88 Bis in unsere Zeit erinnerte das allabendliche Läuten der Säumerglocke an die Bedeutung der Stadt PRACHATITZ als Stapelplatz am Ende des „Goldenen Steigs“. Die St. Jakobskirche mit steilem Dach und wehrhafter Front, deren einer ausgebauter Turm ein Wahrzeichen des Böhmerwaldes ist, hat eine wechselvolle Geschichte erlebt. Ein Bild von 1604 und ein stattlicher Renaissancebau erinnern an die Literatenschule des Humanismus. Städtebauliche Akzente sind das Piseker Tor, der Marktplatz mit Laubenhäusern und das stilvolle Renaissance-Rathaus mit figurenreichen Sgraffiti.

89 Die am Goldenen Steig unweit des Urwaldgebietes am Kubani liegende Stadt WINTERBERG wird von der gotischen Kirche Mariä Heimsuchung und dem aus einer frühgotischen Burg der Grafen von Bogen erwachsenen Schloß (zuletzt Fürsten Schwarzenberg) überragt. Neben Holz- und Kristallglasindustrie hatte vor allem das Druck- und Verlagswesen Tradition: die zweitälteste Druckerei des Landes, der Verlag Steinbrener, der beliebte Volkskalender, Korandrucke, Gebetbücher, Bibeln in zahlreichen Übersetzungen — bis zu 6 Millionen jährlich — in mehrere Erdteile ausführte.

90 Der Egerländer Volkskundler Josef Hanika bezeichnete das Wallerner Haus im „altbayerischen Blockbau mit flachgeneigtem, steinbeschwertem Legschindeldach" als „raumfremdes Einsprengsel". Den verbreiteten bodenständigen Typus kennzeichnete er so: „Das Böhmerwäldler Gebirgshaus in ebenerdiger Blockbauweise mit mächtigem steilem Schindeldach, mit auf der südlichen Schmalseite hervorragendem Halbwalm." Das Haus mit dem typischen Glockentürmchen in REHBERG, dem Erholungsort, früher Kreis Bergreichenstein, wird auch heute als Paradebeispiel gezeigt.

91 Das stattliche breitfrontige Rathaus in BERGREICHENSTEIN, ein barockisierter Renaissancebau, weist auf die alte Kultur und den einstigen Reichtum (Salzhandel) der von Kaiser Rudolf II. 1584 zur „Freien königlichen Bergstadt" erhobenen Ansiedlung hin. Der böhmische Löwe hat neuerdings das alte Doppeladlerwappen auf dem rechten Giebel ersetzt. An der Straße von Passau betrieben im 14. Jh. schlesische Knappen an die 300 Goldwäschereien mit tief vorgetriebenen Stollen. Zu ihrem Schutz errichtete Karl IV. die Karlsburg (zwei ins Land ragende erhaltene Türme).

92 Das Städtchen unter dem Arber, nahe der Grenze, war, bis es in einem Vertrag 1764 Böhmen zugesprochen wurde, zwischen Bayern und Böhmen umstritten. Der Name und Spuren des Bergbaus erinnern an die Brauneisenförderung. Im 17. Jh. entstanden in MARKTEISENSTEIN eine Glashütte und eine Kapelle, an deren Stelle im ersten Drittel des 18. Jh. das Kirchlein zur Hilfreichen Muttergottes, ein Wahrzeichen der Landschaft im Auftrag des Grafen Wolfheinrich Nothaft von Wernberg erbaut wurde. Den sechszackigen Zentralbau vom Typus der in Böhmen verbreiteten „Sternkapellen" krönt eine barock ausladende Kuppel mit einem gleichfalls von einer Zwiebelkuppel gekrönten, später hinzugekommenen Eingangs- und Uhrtürmchen, beide schindelgedeckt. Auch eine Reihe weiterer Orte im Umkreis wies mit ihren Namen auf die Eisenerzvorkommen hin.

93 Dichter und Volkskundler des Böhmerwaldes haben in NEUERN gewirkt, Stadt und Landschaft und deren Menschen geschildert. Die an den Ausläufern des nördlichen Böhmerwaldes gelegene deutsche Kleinstadt entwickelte sich aus einer alten Chodensiedlung. Das bedeutendste Baudenkmal ist die gotische Kirche St. Thomas. Gewerbefleiß und Heimindustrie trugen die vielfältige bodenständige Erzeugung: Holzverarbeitung, optische Gläser, Wäsche, Klöppelspitzen. Eine der für die Sudetenländer so typischen höheren Lehranstalten war die landwirtschaftliche Fachschule.

94 Die Häuser an dem zum Schloß ansteigenden Ringplatz zeigen die Wohlhabenheit der Bürger des Landstädtchens an den Ausläufern des Böhmerwaldes an, die dem Vieh- und Getreidehandel nachgingen. Aus der gotischen Burg, dem „Haus der Bischöfe" an der Straße Regensburg—Prag — die kostbare Kapelle ist erhalten — erwuchs ein stattliches Schloß mit breiter Renaissancefront, seit 1539 lobkowitzisch, nach 1620 bis 1945 im Besitz der Grafen Trauttmansdorff. Zuvor gehörte BISCHOFTEINITZ (der Ortsname sagt es) den Regensburger Bischöfen, darauf den Prager Erzbischöfen.

95 An den Namen der Stadt PILSEN knüpft sich der Weltruf seines Biers, voran des „Urquell". Neben dem Verwaltungsbau des Bürgerlichen Brauhauses, der ältesten Pilsner Brauerei, mit einem beliebten Bierrestaurant, steht das repräsentative Eingangstor. Nicht weniger bedeutend aber ist die Schwerindustrie, die 1866 als größte Waffenfabrik der Monarchie gegründeten Škoda-Werke (heute Lenin-Werke). Dem historischen und kulturellen Rang der einst vorwiegend deutschen Stadt, dann Sprachinsel, entspricht der Marktplatz mit der Erzdekanalkirche St. Bartholomäus.

96 Die königliche Bergstadt MIES an einer alten Verkehrsstraße verdankt Bedeutung und Reichtum dem Silberbergbau. Von der Stadtbefestigung und den historischen Bürgerhäusern ist einiges, von den einst einflußreichen Klöstern wenig erhalten. Die Stadt, von Karl IV. mit Prager Recht ausgestattet, wurde im Verlauf einer wechselvollen Geschichte reich privilegiert. Das breit hingelagerte dreigiebelige Rathaus mit dem krönenden Kuppelturm stammt in seiner Substanz aus der Mitte des 16. Jh. Der Sgraffitoschmuck der Fassade ist Pseudorenaissance (19. Jh.).

97 Vier Kilometer südwestlich von Mies entstand als przemyslidische Gründung die Benediktinerabtei KLADRAU, der einschließlich des gleichnamigen Städtchens reicher Besitz zufloß. Die in ihrer Grundstruktur romanisch erhaltene Kirche wurde nach Zerstörungen in den Hussitenwirren und im Dreißigjährigen Krieg von Giovanni Santini — der Prager norditalienischer Herkunft deutschte seinen Namen in Johann Santin Aichel ein — in der für ihn kennzeichnenden, einzigartigen „Barockgotik" böhmischer Prägung aufgebaut, eingewölbt und ausgestattet. Kladrau ist eines von Aichels Hauptwerken. Die Kirche Mariä Himmelfahrt mit der von der Krone Böhmens beherrschten Vierungs-Kuppel — nach Aichels eigenen Worten „in noch nie gesehener gotischer Art" — wirkt wie eine Vorwegnahme von Historismus und Jugendstil. Cosmas Damian Asam hat für die Kirche Fresken geschaffen. Aichel und K. I. Dientzenhofer besorgten den Neubau der Stiftsgebäude.

98 Der walzenförmige Turm der Stadt HAID im Bezirk Tachau erinnert noch an die frühgotische Burg, die in verschiedenen Epochen umgebaut wurde, bis mit der Neugotik das Schloß seine heutige Gestalt erhielt. Seit über 200 Jahren waren die Fürsten von Löwenstein-Wertheim-Rosenberg die letzten Nachfolger derer von Schwanberg. Im Vorgelände des Böhmerwaldes, kaum zwanzig Kilometer vor der Grenze, erwuchs das Städtchen an der wichtigen Handelsstraße von Nürnberg nach Prag, mit St. Nikolauskirche, Loreto-Wallfahrtskapelle und dem einst traditionsreichen Viehmarkt.

99 Das Städtchen WESERITZ, 1930 mit wenig über 1000 Einwohnern, vom Stift Tepl aus besiedelt, ist Ursprungsort der Familie Schill (Freikorpskämpfer aus der napoleonischen Zeit). Das Schloß, aus mittelalterlicher Burg hervorgegangen, gehörte zuletzt den Löwenstein-Wertheim. Der dominierende Bau und das Städtchen sind Schauplätze des vergnüglichen Romans „Ein Schloß in Böhmen" von Bruno Brehm. Johannes Urzidil, dessen Vater am Weseritzer Friedhof begraben ist, hat dem Ort in seinem Lebensbericht „Die verlorene Geliebte" von New York aus ein Denkmal gesetzt.

104 EGER, BURG. „Ich wüßte nichts Einfacher-Größeres von dieser Art“, schrieb Goethe über den Torso des Schwarzen Turmes. Dieser Bergfried aus Basaltbuckelquadern vom Kammerbühl blieb mit der Ruine des Palas und der Doppelkapelle aus der Hochblüte der östlichsten staufischen Kaiserburg erhalten, der schönsten unter allen in Stauferpfalzen. Friedrich Barbarossa hat die Burg aus der alten Vohburger-Feste neu bauen lassen, über der Eger, am Rande der damals reichsunmittelbaren Stadt. Das Tor und die Befestigungsanlagen stammen aus späterer Zeit (Wallenstein-Festspiele).

105 „Als besonderes Wahrzeichen der Stadt gilt die auf dem unteren Marktplatz freistehende Häusergruppe, die ‚das Stöckl' genannt wird. Es sind dies heute zwei, durch ein schmales Gäßchen, das Krämergäßchen, voneinander getrennte Blöcke von eng ineinander verschachtelten Häusern ohne Höfe und mit winzigen Grundstücksausmaßen" (Heribert Sturm, EGER, Geschichte einer Reichsstadt, 1951). Dieser Komplex entwickelte sich aus Verkaufsständen, dann Fleischbänken, schließlich Krämerläden. Davor steht einer der beiden Brunnen, der barocke „Wilde Mann" mit dem Stadtwappen und Reichsadler. Im alten Stadthaus des Bürgermeisters Pachelbel wurde 1874 das Städtische Museum eingerichtet, das auch das Zimmer enthält, in dem Wallenstein 1634 ermordet wurde. Die hochaufragenden Bürgerhäuser umgeben einen der schönsten Plätze des ganzen deutschen Kulturraums, dessen Bauwerke, eine Stilparade aus einem dreiviertel Jahrtausend, Dichter (Goethe, Schiller u. a.) und Historiker angeregt haben.

106 Aus grünen Wiesen und Parks leuchtet das Kaisergelb der klassizistischen und der Jugendstilbauten, der Kurgebäude und Pensionen im kleinsten und stillsten der westböhmischen Weltkurorte, FRANZENSBAD, mit Herz- und Frauenheilindikation (im Bild die Glauberquellen). Goethe ließ sich das „Egerer Wasser" nach Weimar schicken. Die Quellen waren seit Jahrhunderten bekannt und, so von Paracelsus, geschätzt. Die Gründung von Eger aus erfolgte 1793, die Benennung als „Kaiser-Franzens-Bad" 1807. Bis 1852 bei Eger, das bis 1914 die Kureinrichtungen besaß.

107 Der Goethe-Brunnen in ASCH, 1932 auf dem Marktplatz aufgestellt, wirkt heute nach der Zerstörung vieler Gebäude des alten Bestandes, wie verloren. Der Bildhauer Johannes Watzal, nach dem Krieg ermordet, stellte Goethe als Mineralforscher mit Kristalldruse dar. Die Sockelreliefs zeigen das Ascher Wappen, Werther, Faust und Hermann und Dorothea. Bei seinen sieben Aufenthalten zwischen 1806 und 1823 wohnte der Dichter zumeist im Posthof. 1863 hatte in Asch der junge Friedrich Nietzsche seine Stammbuchverse „Heimweh", von der „Seligkeit" der „Heimathlieder" verfaßt. Bereits 1883 war vor der 1961 abgebrannten, dann abgebrochenen barocken evangelischen Kirche im alten Stützpunkt dieses Glaubens das einzige Lutherdenkmal in der Monarchie aufgestellt worden. Die gewerbefleißige Stadt (seit 1872) im „Ascher Zipfel", unter dem Hainberg mit Bismarckturm, entwickelte sich zu einem Mittelpunkt der Textilindustrie.

108 Neben dem Kern der Industriestadt FALKENAU mit Straßenplatz und Stadtkirche ist von der alten, einst „Königlichen Kammerstadt" an der Mündung der Zwodau in die Eger das Schloß wie eine stille Insel inmitten der Industriewelt erhalten geblieben. Aus der Burg der Nothaft und der Herren von Falkenau wurde der einstöckige Schloßbau, mit vier achteckigen Türmen an den Ecken, im Stil italienischer Frührenaissance von den Grafen Schlick errichtet. Er ging 1622 an die Reichsgrafen von Nostitz-Rieneck über. Heute dient das renovierte Schloß als Kohlenbergbau-Museum.

109 Die riesigen Löcher, die der Braunkohlentagbau und die Anlagen der chemischen Industrie bei THEISSAU verursachten, lassen kaum die Vorstellung zu, daß hier, im Bereich Falkenaus, einst blühende Landschaft war und ein Hopfengebiet, das an Umfang das Saazer übertraf. Am Falkonierbrunnen des Marktplatzes erinnern Reliefs von Hopfenranken an die Vergangenheit Falkenaus, das seit Jahrzehnten Industrie- und Industrieverwaltungszentrum ist. Der Tiefbau ist fast ganz dem Tagbau gewichen. Wird der Ertrag auf die Dauer den Schaden für Land und Menschen aufwiegen können?

110 Die Industriestadt NEUDEK am Rohlautal, eingebettet in die weiten Wälder unter dem Erzgebirge, zeigt noch ihre Vergangenheit als Bergbaustadt. Von den Erzen — Zinn, Blei und Eisen — konnte das Eisen am längsten und bis in die Gegenwart abgebaut werden. Es bildete die Grundlage für die Blechhammerwerke bereits am Anfang des 17. Jh. Daneben traten die Textil-, Handschuh-, Holz- und Papiererzeugung. Der ruhige Marktplatz wirkt wie eine Idylle aus alten Tagen. Eine der ersten Zeichnungen Goethes galt 1786 dem Turmfelsen (einem Glockenturm) oberhalb des Städtchens.

111 Der Name GRASLITZ kommt von dem althochdeutschen Grezelin, wie zunächst der „Hausberg" hieß. Die unter den Grafen Schlick blühende Bergstadt wurde durch Instrumentenbauer und Musikanten (Musikfachschule neben Stickereifachschule) zur „klingenden Stadt". Die Geigenbauer im nahen Schönbach (die Graslitzer waren als Protestanten nach Sachsen exiliert) und die Graslitzer Erzeuger von Blasinstrumenten aller Arten und Größen, bis hin zum Saxophon und zur Ziehharmonika, lieferten, besonders nach den USA, den überwiegenden Teil der Weltproduktion, auch noch im Exil.

112 Im Zentrum des historischen Badeortes KARLSBAD, unweit vom Sprudel und der Magdalenenkirche K. I. Dientzenhofers, erhebt sich der Schloßturm (Rest des Schlosses) über den von Architekt Ohmann 1913 erbauten Oberen und den Unteren Schloßbrunnen, die hölzerne Marktbrunnen-Kolonnade (1883) mit einigen der vielen heißen Quellen des Tals. Links am Markt unter einer Häuserzeile der Gründerzeit — es sind durchweg Hotels und Pensionen — steht die üppig quellende Plastik der Dreifaltigkeitssäule. Ein konzentriertes Bild des in Jahrhunderten gewachsenen Bades!

113 In die Wälder geschmiegt, liegt das Weltbad KARLSBAD an Ufern und Hängen der TEPL. Links schließt den Platz das Stadttheater, einer der atmosphärisch reizvollsten Bauten der Fellner und Helmer in Neubarock und zweitem Rokoko. Dahinter die Neue Wiese, eine der Promenaden, am Bildabschluß das weltberühmte Hotel Pupp (jetzt Moskva). Rechts, am linken Ufer also, erscheint die Alte Wiese. Hier spielte sich, vor Cafés und Pensionen, schon während Goethes mehrfachen Aufenthalten in den „Drei Mohren", ein Großteil des gesellschaftlichen Lebens der „großen Welt" ab.

114 Über dem Städtchen ENGELHAUS erhebt sich die Ruine Engelhaus (Engelsburg, zerstört 1713). Das beliebte Ausflugsziel hat Goethe „sehr oft" bestiegen, unter anderem an seinem 37. Geburtstag mit Großherzog Karl August und der Familie Herder. Er hat die Anlage in der anmutigen Landschaft beschrieben, wohl auch in den „Wahlverwandtschaften", und ihr eine seiner schönsten Zeichnungen gewidmet. Die Friedhofkapelle jenseits der Prager Straße, nach Plänen von Giovanni Battista Alliprandi um 1700, befindet sich wie der Ortsfriedhof in einem unwürdigen Zustand.

115 Hausfronten und Portale, die Pfarrkirche St. Joachim am kleinen Platz, der den steil ansteigenden Straßenzug abschließt, und das stolze Rathaus erinnern an die Blütezeit ST. JOACHIMSTHALS. Anstelle des Dorfes Konradsgrün gründete Stephan Graf Schlick vom Schloß Schlackenwerth aus zum Abbau der Silbervorkommen die Bergbausiedlung, die vier Jahre später (1520) bereits zur Stadt erhoben und bald ein Zentrum der Wissenschaft und des Schulwesens sowie Vorort der Reformation in Böhmen wurde. Hinter Rathaus und Kirche der Förderturm des Uranbergwerkes.

116 Unweit des sächsischen Skigebiets und des Hauptgrenzübergangs liegt GOTTESGAB, das höchste Städtchen Mitteleuropas (1028 m). Die Bewohner der bis 1547 sächsischen Bergstadt lebten nach dem Versiegen der „Gottesgabe", des Silbers, vorwiegend von Wald- und Heimarbeit (Spitzenklöppelei). Die malerisch in die grüne Hochfläche gebreitete Ansiedlung mit Musikantentradition ist durch den Feierabendlied-Sänger Anton Günther so etwas wie eine gesamtdeutsche Wallfahrtsstätte geworden. Er ruht am Ortsrand unter einem Vogelbeerbaum an der Friedhofsmauer.

117 Der KEILBERG ist mit 1244 m der höchste Gipfel des recht flachen Erzgebirgskammes. Ein Fernsehturm ist zu dem Berghotel und dem alten Aussichtsturm hinzugekommen. Von diesem aus ist freilich die Fernsicht über das Gebirge, nach Sachsen und nach Böhmen hinein längst nicht mehr so gut wie einst. Denn vor das wellige Duppauer Gebirge, das Egertal und das Böhmische Mittelgebirge schieben sich die giftigen Dunstwolken aus den Braunkohlenbergwerken und den Industrieanlagen. Sie sind wesentlich schuld an dem hier besonders katastrophalen Waldsterben.

118 Zwischen 648 m und 846 m lauten die Höhenangaben für WEIPERT, die als Erholungs- und Wintersportort beliebte, bedeutendste Industriestadt des Erzgebirges. Die ausgesetzte Lage am Grenzübergang war im Dreißigjährigen Krieg außerordentlich verhängnisvoll. Nach dem Versiegen von Silber- und Kupfererzen erholte sich die seit 1607 Freie Bergstadt dank großenteils auf Heimindustrie fußender, für die Gegend typischer Erwerbszweige: Posamentiererei, Spitzenklöppelei, Büchsenmacherei usw. Markantestes Baudenkmal ist die barocke Pfarrkirche Zu Allen Heiligen.

119 Über dem Egerfluß in unmittelbarer Nähe großer Landschaft, Atmosphäre und Atemluft beeinträchtigender Industriewerke, steht das alte KAADEN, das mit Burggrafenschloß an verkehrsmäßig und strategisch wichtiger Stelle Schlüsselfunktion für Westböhmen hatte. Von der Fassade der barockisierten Stadtkirche geht der Blick über die Dreifaltigkeitssäule und den laubenumgürteten Marktplatz zum barockisierten Rathaus beträchtlichen Ausmaßes, an dessen Eck sich der wehrhafte Stadtturm erhebt. Mit seinem spitzkegeligen Helm hat er kaum seinesgleichen im Land. Marktplatz und Stadtbefestigung — im Hintergrund das „Heiligentor“ —, und die „Barbakane“ (ein kleinerer Bruder des Krakauer Festungswerks), Bürgerhäuser, Kirchen und Klöster sprechen von der unruhigen Geschichte einer wehrhaften und bekenntnisfreudigen Stadt. Am 4. März 1919 fielen 28 friedliche Demonstranten für das Selbstbestimmungsrecht der Sudetendeutschen unter den Gewehrsalven amtlicher Willkür, über 100 wurden verwundet.

120 „Zu Beheim . . ., in einer festen, hübschen statt, auf einem berge werlich (wehrhaft) gelegen", so kennzeichnet Johannes von Saaz, nach dem Geburtsort bei Bischofteinitz „von Schüttwa", nach der ersten Wirkungsstätte „von Tepl" genannt, in seinem frühneuhochdeutschen Streitgespräch „Der Ackermann und der Tod" (1400) die seit 1266 Königliche Stadt SAAZ. Er war Stadtschreiber und -notar im alten Rathaus und Rektor der Lateinschule. Hinter dem barocken Rathaus auf dem Straßenplatz mit Lauben und Dreifaltigkeitssäule steht die wuchtige Stadtkirche Mariä Himmelfahrt.

121 Der kostbare, leicht verderbliche Hopfen muß innerhalb weniger Tage geerntet werden. Zum Teil von weither wurden und werden Hilfsarbeiterinnen, Schüler, Studenten, Soldaten zum Pflücken eingesetzt. Nach dem wenig ertragreichen Weinbau brachten der Hopfenanbau und seit dem 19. Jh. auch der Hopfenhandel vor allem der Stadt beträchtlichen Reichtum. Der SAAZER HOPFEN gilt als der weltbeste, das Anbaugebiet als das größte Böhmens. Um die Ernte entwickelte sich ein reiches Brauchtum. Bis heute ist die Stadt geprägt von Hinweisen auf Hopfen (Darren) und Bauwesen.

122 Franz Joseph Graf Czernin von Chudenitz ließ SCHLOSS SCHÖNHOF, den Renaissancebau jetzt im Kreis Laun, in den zwanziger Jahren des 18. Jh. barock umbauen. Graf Johann Rudolf veranlaßte am Ende des Jahrhunderts die Gestaltung eines damals sehr modernen englischen Parks mit neugotischer Gloriette, antikisierenden Attraktionen, chinesischem Pavillon. Zu den Besuchern gehörten Kaiser, Könige, Feldmarschall Carl Fürst von Schwarzenberg (an den ein Denkmal erinnert), Goethe. A. von Humboldt nannte den Park einen der schönsten Europas.

123 Auf dem Ringplatz KOMOTAUS erhebt sich die schöne, figurenreiche Dreifaltigkeitssäule aus einer Zeit, in der die von den Jesuiten angeführte Gegenreformation die Einwohner der Stadt dem katholischen Glauben zurückgewonnen hatte. Die Mitte der Stadt, der mit Laubenhäusern geschmückte Platz, die Kirchen und das Rathaus sind von der Industrialisierung und den Wohnkasernen kaum beeinträchtigt. Man ist neuerdings eifrig um Restaurierung und Rekonstruktion bemüht, um der Stadt unter dem Erzgebirge etwas von ihrem historisch geprägten Gesicht zurückzugeben.

124 Die feingeschnittenen säuberlich erneuerten Diamantgewölbe zeigen, wie sich die Lauben der Bürgerhäuser und Läden in der Spätgotik darstellten — als Ausdruck der Wohlhabenheit und des Stilgefühls. Im alten Rathaus trifft man auf ein schönes Exemplar von Zellengewölbe und auf Türen, die den Übergang zur Renaissance sichtbar machen. KOMOTAU war einer der ältesten Deutschordensstützpunkte in Mitteleuropa. Das Schloß, Sitz der Komturei, wurde später Rathaus. Der Bau schließt mit der frühgotischen Katharinenkirche eindrucksvoll den Marktplatz ab. Die breiträumige dreischiffige Stadt- und Dekanalkirche Mariä Himmelfahrt mit dem das Stadtbild beherrschenden Turm in der Funktion eines Stadtturms steht ebenso für Epochen der Geschichte Komotaus, dessen deutsche Bevölkerung von den Hussiten fast völlig ausgelöscht wurde, wie St. Ignatiuskirche und Kolleg der Jesuiten; sie begründeten eines der bedeutendsten Gymnasien Böhmens (von den Zisterziensern übernommen).

125 Die Aufnahme enthüllt in makabrer Weise die beklemmende Situation des BRAUNKOHLENTAGBAUS. Vor der Silhouette der Vulkanberge des Böhmischen Mittelgebirges mit dem von C. D. Friedrichs „Böhmischen Landschaften" her vertrauten Zug des Kleinen und des Großen Milleschauer (links) tut sich der riesige Abgrund auf, aus dem und über dem es qualmt. Über ein halbes Jahrtausend Erzbergbau haben das Land nicht verwundet, sondern in vielfältiger Weise bereichert. Der um sich fressende Tagbau der Braunkohle hat es versehrt und gefährdet seine Substanz.

126 Die größte Ansiedlung, die dem Abbau der Braunkohle geopfert wurde, ist die Stadt BRÜX, heute eine große Grube zwischen Schloßberg (Landeswarte) und der Stadtkirche Mariä Himmelfahrt, die als einziges historisches Denkmal einer traditionsreichen Stadt erhalten geblieben ist. In einem vielbewunderten, auch umstrittenen Verfahren wurde dieses Meisterwerk des von Benedikt Ried geförderten Jakob Heilmann aus Schweinfurt einen dreiviertel Kilometer verrückt und ist jetzt Kunstmuseum — ganz nahe der gewaltigen Erdwunde, an deren Rand das Kohleförderband rattert.

127 Am Rande der traditionsreichen Stadt DUX bauten die Grafen Waldstein das Renaissanceschloß barock um. Es enthält Gemälde und Porzellansammlungen der Familie, ein Möbelmuseum (Prager Bestände), Erinnerungen an Giacomo Casanova, der als Bibliothekar Joseph Carl Waldsteins von 1785 bis zum Tod 1798 hier seine Memoiren schrieb. W. L. Reiner schuf für das Schloß und die Kuppel der Hospitalkirche monumentale Fresken. Sie wurden nach Abriß des Spitals und eines Großteils des dem Braunkohlentagbau geopferten Parks in eine Betonkuppel einmontiert.

128 Das traditionsreiche Zisterzienserstift OSSEGG, zu Füßen des Erzgebirges, nordwestlich von Dux, auf dessen romanisch-gotischen Ursprung der Kreuzgang und der Kapitelsaal mit dem berühmten steinernen Pult hinweisen, zeigt sich heute in der Barockisierung durch die Meisterhand Ottavio Broggios. Schiff und Chor der Klosterkirche Mariä Himmelfahrt im romanisch-barocken Baukörper und in der hochbarocken Ausstattung, mit Fresken von Wenzel Lorenz Reiner und Johann Jakob Steinfels, Bildern von Michael Willmann und J. Christopf Lischka, Schnitzereien von Franz Anton Kuen, gehören zu den Juwelen des barocken Böhmen. Goethe, von Teplitz aus in dem kulturgeschichtlich und pädagogisch traditionsreichen Stift zu Besuch, wurde hier würdig empfangen. An die harten Kontraste zwischen Vergangenheit und Gegenwart gemahnen, wenige Kilometer entfernt, das durch den Tagbau aufgerissene Land und das Denkmal für das Explosionsunglück in der nahen Grube Nelson, bei dem 142 Bergleute Anfang 1934 umkamen.

129 Der Sauerbrunn bot die Voraussetzung für die Entfaltung des Mineralbads BILIN. Bauliche Akzente der Stadt sind das langgestreckte Schloß der Lobkowitz in italienischem Barock, die Peter- und Paulskirche, das Jugendstil-Rathaus (1908 zum Kaiser-Franz-Josephs-Jubiläum erbaut), das Kurhaus. Der Borschen („Biliner Stein"), 539 m hoch, größter Klingsteinfelsen Mitteleuropas, mit bemerkenswerter Flora, wurde von Alexander von Humboldt gewürdigt. Goethe bestieg und zeichnete mehrmals den eindruckvollen Berg, der „in der ganzen Gegend so bedeutend hervorsteht".

130 Trotz Industrialisierung ist TEPLITZ–SCHÖNAU, ältestes Heilbad Böhmens, eine Oase geblieben in dem Braunkohlen- und Industriegebiet, das sich fast ohne Unterbrechung von Eger bis an die Elbe bei Aussig zieht. Der Blick vom Schloßberg läßt die Ausdehnung und Bedeutung der Stadt nur erahnen, zeigt er doch vornehmlich neuere Viertel des Schul- und Verwaltungsbereichs. Dahinter und darunter liegt das Weltbad mit Kunstdenkmälern, dem Schloß der Clary-Aldringen, dem Theater im Park, der nach der Olmützer größten Barocksäule (Pestsäule von Matthias Braun).

131 Pilger und Kurgäste besuchen gern die Wallfahrtskirche MARIASCHEIN, wenige Kilometer von Teplitz-Schönau entfernt, unterhalb von Graupen, mit früherem Jesuitenkloster. Die Verehrung des Gnadenbildes der Schmerzhaften Muttergottes aus Ton geht auf das 15. Jh. zurück. Eine der sieben Kapellen im Umgang, die Kulmer, trägt am Gitter das Wappen des Kirchenstifters Albrecht von Kolowrat. Die Fresken, die von der Geschichte der Wallfahrt erzählen, schuf Karl Krattner. Die Türme, von Vater und Sohn Broggio zusammen mit der Kirche erbaut, grüßen zum Mittelgebirge.

132/133 Wo die Elbe eng wird und sich wie hier an der ELBTALSCHLEIFE durch das Mittelgebirge windet, bevor sie durch die strenge Felsensperre des Elbsandsteingebirges einem uralten Taldurchbruch folgt, ist sie lieblich und motivreich. Sie kann es landschaftlich mit Rhein, Neckar und Main aufnehmen. Die Romantiker, voran C. D. Friedrich und A. L. Richter, der hier eine bedeutende Wende in seinem Werk erfuhr, haben diese Gegend der Hügel und Ruinen, der Kegel, Weinberge und Obstgärten, die zur Zeit der Kirschblüte viele Besucher anzogen, der verträumten Orte, der

Kirchlein und vertrauten Wege gerühmt. Volkstümlichste Punkte sind das Dubitzer Kirchlein und die Ruine Schreckenstein. Sebusein an der Elbschleife und das gegenüberliegende Salesl sind neben dem südlich liegenden Groß Tschernosek die klangvollsten Namen und reizendsten Orte im eigentlich romantischen Abschnitt der grünen Landschaft am Strom. Anderen Charakters, nicht weniger bestechend, sind der untere Abschnitt von Aussig über Tetschen-Bodenbach bis zur Grenze bei Herrnskretschen, stromauf die Gegenden um Leitmeritz und Melnik, wo die Moldau in die Elbe mündet.

136 Über dem Markt MILLESCHAU steht das Schloß. Es ist von Antonio della Porta für den Oberbefehlshaber gegen die Türken vor Wien (1683), Graf Kaplirz von Sulowitz, errichtet und einer Burg auf einem Basaltkegel vorgebaut; zuletzt Besitz der Grafen Ledebur. Der Milleschauer oder Donnersberg, mit 835 m der höchste Kegel des Böhmischen Mittelgebirges, diente C. D. Friedrich als „Modell" für seine „Böhmischen Landschaften". Alexander von Humboldt bezeichnete die Aussicht vom Gipfel (mit Aussichtsturm, Wetterstation) als die drittschönste der ihm bekannten.

137 Das „Böhmische Rom“ hieß einst mit Recht die deutsche Bischofsstadt LEITMERITZ an der Elbe. Einer der schönsten Marktplätze Böhmens wird von dem Rathaus (Gotik — Renaissance), dem Kelchhaus, der Rolandsstatue und der Stadtkirche Allerheiligen (in gotisch-barocker Spannung) beherrscht, deren hochragender Glockenturm zugleich die Funktion eines Stadtturms hat. Der in Wellemin geborene Ottavio Broggio hat das barocke Leitmeritz maßgeblich mitgeprägt, das heute als „Denkmalreservation“ in der allmählich fortschreitenden Restaurierung Vorrang hat. Etwas flußabwärts vom Kern der Handels-, Industrie- und Schulstadt steht über der Elbe der Stephansdom, Bischofssitz seit 1655. Die Residenz hat Tradition, ebenso wie das Priesterseminar. Die endgültige Gestalt des von einem hohen Campanile flankierten Doms stammt von Giulio Broggio und Domenico Orsini. Bischof Ferdinand Kindermann war im 18. Jh. ein verdienstvoller Reformer des österreichischen Volksschulwesens. Letzter Bischof bis 1946: Dr. Anton Weber.

138 Zum Kreis Leitmeritz gehörend, doch jenseits der Elbe an der unteren Eger gelegen, steht das eindrucksvolle Schloß LIBOCHOWITZ, von Antonio della Porta aus gotischer Festung und Renaissanceschloß barockisiert, in einem großen englischen Park und einem französischen Garten, zuletzt im Besitz der Grafen von Herberstein. Die Ruine der Hasenburg (Hintergrund) bildet mit dem Weißen Turm, dem Schwarzen Turm und den Resten einer ausgedehnten Wehranlage auf weit sichtbarem Basaltkegel einen der reizvollsten, von zahlreichen Sagen umwobenen Punkte Mittelböhmens.

139 Böhmen, Mähren und Schlesien sind nicht zuletzt Länder der Burgen und Schlösser. Ein schönes Beispiel für eine reiche Innenausstattung ist ein Saal des Schlosses PLOSCHKOWITZ bei Leitmeritz. Das von dem überaus fruchtbaren Leitmeritzer Architekten Ottavio Broggio im Auftrag der Großherzogin Maria Anna Franziska von Toskana um 1720 erbaute Landschloß, sein Hauptwerk, wurde in der ersten Hälfte des vorigen Jahrhunderts erweitert und umgebaut. Schon in seiner barocken Grundform (eine mittelalterliche Burg war der Vorgänger) zeigt es reizvolle manieristische Züge. Seine Einrichtung und seine ländliche Lage boten für die spätere Benützung als kaiserliche Sommerresidenz die besten Voraussetzungen. Es diente Kaiser Ferdinand I., dem „Gütigen“, der 1848 abdankte, als Refugium.

140 Die Weinberge über der Elbe, die wie der Rhein an beiden Ufern von Eisenbahnstrecken begleitet wird, gehören zum berühmten Anbaugebiet Böhmens, das zwar nicht so große Ernten und so vorzügliche Tropfen wie Südmähren liefern kann, doch immerhin Lagen und Sorten, die schon Dichter im Mittelalter priesen. Wahrzeichen von GROSS TSCHERNOSEK oberhalb der „Böhmischen Pforte" ist die wehrhaft wirkende spätgotische Kirche. Die hohen Schlote im Hintergrund zeigen die Industriestadt Lobositz am linken Elbufer inmitten des fruchtbaren Obst- und Zuckerrübengebiets an.

141 Seit der Elbdurchbruch von einem Stauwehr durchschnitten ist, haben die Burgruine SCHRECKENSTEIN, Inbegriff der Romantik, auf dem Klingsteinfelsen am rechten Elbufer und die ganze Landschaft einiges an Reiz verloren. Theodor Körner wurde hier zu seiner Dichtung „Der Schreckenstein und der Elbstrom" inspiriert, Adrian Ludwig Richter malte nach Skizzen von seiner Wanderung 1834 die Bilder „Aufziehendes Gewitter am Schreckenstein" (1835) und „Überfahrt am Schreckenstein" (1837). Richard Wagner fand hier Anregungen für den „Pilgermarsch" im „Tannhäuser".

142 Das FEUERWERK beleuchtet die Elbbrücke in AUSSIG, die 1945 Schauplatz des schrecklichen Massenmords an etwa 2000 Deutschen wurde. Die größte deutsche Stadt mit dem bedeutendsten Elbehafen Böhmens, Verwaltungs-, Schul- und Industriezentrum (chemische Erzeugnisse, Schicht-Werke, Kosmetika, Elektrizitätswerk Schreckenstein), nahm in den letzten Jahrzehnten an beiden Elbufern und in den Seitentälern einen bedrückende Großstadtcharakter an und verlor das alte Gesicht mit gotischem Kern. So erscheint die hervorragende Erzdekanalkirche heute isoliert.

143 Der weithin gerühmte Rosengarten des drittgrößten Schlosses in Böhmen bildet mit dem barocken Treppenbau, der Gloriette und dem Figurenprogramm, darunter der barocken Kuppel der Kreuzkirche, eine bezaubernde Ergänzung zu dem sich außen streng und festungsartig auf dem rechten Sandsteinfelsufer über der Elbe in TETSCHEN erhebenden, die Landschaft beherrschenden Bauwerkes. Es gehörte seit dem Jahre 1628 den Thun, danach den Thun-Hohenstein, einem Fürstenhaus, das Böhmen und Österreich zahlreiche hervorragende Persönlichkeiten geschenkt hat.

144 Barock sind die hochprivilegierte Erzdekanalkirche Mariä Himmelfahrt in OBERPOLITZ, eine Wallfahrtskirche mit Kapellenumgang und Gnadenbild auf dem Hauptaltar — Vater und Sohn Broggio begegnen wir wieder —, die wuchtige Pfarrei, das Schloß, die Mariensäule an der Brücke über den Polzen. Barock war auch Erzdechant Wenzel Hocke, als „Hockewanzel“ in Volksüberlieferung und Literatur eingegangen. Der in seiner Kirche begrabene einstige Saganer Mitschüler des Bischofs Ferd. Kindermann verkörperte den liberalen, heiteren Geist deutschböhmischer Frömmigkeit.

145 Erst 1900 wurde STEINSCHÖNAU zur Stadt erhoben. Doch bereits seit 1530 gab es hier die erste Glashütte. Bald wurden hochgeschätzte Erzeugnisse der Glasveredelung aus Betrieben und Heimarbeit in alle Welt geliefert, z. B. Prunklüster. Georg Franz Kreybich hat in seinen kultur- und wirtschaftsgeschichtlich hoch bedeutsamen Notizen über seine Handelsreisen berichtet. Die Glasfachschule hat nach dem Krieg dem die böhmische Tradition pflegenden Rheinbach und dessen Schausammlung neue Impulse gegeben. Wie ein Statussymbol wirkt der kostbare Lüster in der Kirche.

146 Die schiefergedeckten und -verkleideten Häuser von HAIDA, des zweiten Hauptorts der Glasveredelung in Nordböhmen, zeugen vom Stolz einer hochrangigen Kleinindustrie. Hier am Lausitzer Gebirge, unter dem beherrschenden Klingsteinkegel des Kleis, wurde neben der Textilerzeugung in vielen Betrieben Bemerkenswertes geleistet (Glasmuseum, Firmenhaus). Die Tradition der Kronleuchterfabrik Palme wird in Wien, die der Glasfachschule in Hadamar/Hessen fortgesetzt. In Haida wirkte Friedrich Egermann, Erfinder u. a. des Rubinglases (Biedermeiergläser).

147 Auf dem Marktplatz von BÖHMISCH LEIPA steht die Pestsäule. Den seiner Funktion entkleideten Platz säumen vorwiegend Häuser diffuser Stilmischungen, die nach dem Stadtbrand von 1820 und in der späteren Gründerzeit entstanden. Sie und auch das in Anknüpfung an die Renaissance gebaute Rathaus sind nüchtern und von geringerem Reiz als die erhaltenen Kirchen, das Augustinerkloster, das Schloß, die Bürgerhäuser aus der Gotik bis zum Empire in dieser Industriestadt zwischen Mittel- und Lausitzer Gebirge. Prächtiger Rundblick vom Spitzberg, dem „Hausberg".

148 Ein denkmalgeschütztes Juwel ist AUSCHA, das Städtchen im Kreis Leitmeritz – in bedeutendem Hopfenanbaugebiet –, mit landschaftlich und volkskundlich äußerst reizvoller Umgebung. Felsformationen und buntgestrichene Umgebinde-Bauernhäuser bestimmen ihren Charakter. Der Straßenmarkt bietet eine Parade von Bürgerhäusern verschiedener Epochen. Von den Kellern führten unterirdische Geheimgänge, Fluchtwege aus der befestigten Stadt heraus. Das Stadtbild beherrschen die barockisierte Kirche St. Peter und Paul und die zur Brauerei „zweckentfremdete" Burg.

149 Die seit der ersten Hälfte des 15. Jh. belegte Glashütte gilt als älteste ununterbrochen bestehende Europas. Das Industriestädtchen, 8 km von Böhmisch Kamnitz entfernt am Elbsandsteingebirge gelegen, besitzt einen reizvoll in heimischer Bauart kombinierten Kern von Bürgerhäusern auf dem Platz unterhalb der gotisch-barocken Kirche St. Georg. In die Kulturgeschichte ist KREIBITZ als Sitz eines Literatenchors in der Reformationszeit, durch seine Musikpflege und als Geburtsort des vornehmlich um Südamerika hochverdienten Naturforschers Thaddäus Haenke eingegangen.

150 In der spätbarocken St. Peter- und Paulskirche wurde 1830 unter Leitung des Kantors O. V. Richter mit Chören bis aus dem sächsischen Zittau Beethovens Missa solemnis zum ersten Male vollständig aufgeführt. Auch sonst zeichnete sich WARNSDORF im „Niederland" durch Musikpflege aus. Hier hatten die Altkatholiken („Los-von-Rom"-Bewegung) ihre Kathedralkirche. 1849 wuchs aus fünf Orten das „größte Dorf" Böhmens zusammen, seit 1868 ist es Stadt. Im vielseitigen Spektrum der Industrie des „Nordböhmischen Manchester" war die Strumpffabrik Kunert die größte Europas.

151 Die Klingsteinfelsen der BÖSIGE beherrschen weithin das Land um die schon von Karl IV. angelegten Hirschberger Teiche. In der auf dem Großen Bösig von Przemysl Ottokar II. erbauten Festung ist die Doppelkapelle zisterzienisch burgundischen Typs der kostbarste, der Bergfried der wuchtigste Teil. Die Königs- und Kaiserburg wechselte im Laufe der Zeit oft die Besitzer, sie gehörte Wallenstein, den Benediktinern, die eine Wallfahrt begründeten, nach der Säkularisierung wieder den Waldstein. Diese sicherten das hervorragende Kulturdenkmal im 19. Jh. vor dem weiteren Verfall.

152 Im Polzental unter dem ruinenbekrönten Roll, einem der für die Landschaft charakteristischen Basaltkegel, liegt das Städtchen NIEMES. Auf dem Weg von Prag nach Zittau gelegen, nahm es nicht nur eine Schlüsselstellung (Zollstation) ein, sondern erlebte auch den Durchzug mancher Heere und erfuhr durch das Schloß mehrfachen Besitzerwechsel, wenn auch zumeist von Adeligen aus dem Umkreis (Wartenberg, Biberstein, von 1705—1945 die Reichsgrafen Hartig). Das ausgebrannte Schloß wurde nach den napoleonischen Kriegen in klassizistischem Stil wieder aufgebaut. Die Stadt unter dem Schloß, mit unterschiedlichster Industrie (u. a. Bugholzmöbel), ist mit der Peter- und Paulskirche von Giulio Broggio und einer Reihe vorzüglicher Figuren barock geprägt. Ein bemerkenswertes Beispiel am Kirchberg ist die der hl. Katharina mit dem zerbrochenen Rad, voll dramatischer Bewegung, die im Spiel des Sonnenlichts stärker zur Geltung kommt. Niemes hat eine zweihundertjährige Passionsspiel-Tradition.

153 Der imposante Zentralkuppelbau von St. Laurentius in DEUTSCH GABEL ist ein Bruder der Peterskirche am Graben in Wien. Ein italienischer Baumeister hat hier in der nordböhmischen Provinz die Pläne von Johann Lucas von Hildebrandt ausgeführt. Unter der Kirche des ehemaligen Dominikanerklosters ruht in der „Katakomben" genannten Gruft die Stadtpatronin, die selige Zdislawa, die mit ihrem Gatten, dem Grafen Gallus von Lämberg, Johanniter-Großprior von Böhmen, um die Mitte des 13. Jh. das Kloster gestiftet hat. Die lebhafte Handels- und Gewerbestadt, deren neuer tschechischer Name auf die Lage nahe dem Jeschken hinweist, hat noch einiges vom alten Bestand an historischen Bürgerhäusern erhalten. Die Stadt rühmt sich, sie sei die einzige Böhmens, in der Napoleon — auf dem Rückzug aus Rußland 1813 — übernachtete (in der „Alten Post"). In der Nachbarschaft: die noch in der mittelalterlichen Substanz erhaltenen Burg Lämberg (zuletzt im Besitz der Clam-Gallas) und das barocke Schloß Neufalkenburg.

154 Der verdienstvolle Volkskundler Josef Hanika, Prager Dozent, zuletzt Münchner Universitätsprofessor, hat den ländlichen Haustypus in Nordböhmen auch für unser Beispiel aus CHRISTOPHSGRUND im Kreis Reichenberg zutreffend beschrieben: „Die Zwickelhölzer und Querverbindungen der Säulen, die das Obergeschoß tragen, zu Zierbogen ausgebildet, die Fugen der dahinter angefügten Blockwände weiß getüncht, der Brettergiebel reich gegliedert und die Schalbretter und Deckleisten so angeordnet, daß sie ein zierliches Formenspiel mit Licht und Schatten ergeben."

155 Schloß REICHENBERG in seiner heutigen Gestalt ist im wesentlichen spätbarock. Es beherbergt die Forstverwaltung und die Regionalgalerie (aus der von Heinrich von Liebieg gestifteten Gemäldesammlung hervorgegangen). In der Kapelle (Anf. 17. Jh.) erinnert ein prächtiges Oratorium an die von Redern, die nach den Biberstein und vor Wallenstein, den Gallas und Clam-Gallas die Herrschaft besaßen. Reichenberg, zuletzt größte deutsche Stadt der Randgebiete, war Verwaltungs-, Schul-, Messe-, Textilmetropole. Hervorragend war das Nordböhmische Gewerbemuseum (1897).

156 Abseits des Städtchens FRIEDLAND mit freundlichem Marktplatz und kunstreicher Kirche „Kreuzerhöhung“ liegt unter dem Isergebirge auf einem Basaltfelsen das von Franz Kafka (Tagebuch 1911) beschriebene, aus gotischer Grenzburg im Stil italienischer Renaissance (sgraffitogeschmückter Hof) und im 19. Jh. ausgebaute Schloß. Wallenstein erhielt 1622 diesen den protestantischen Redern abgenommenen Besitz („Herzog von Friedland“). Nach seiner Ermordung kam es an die Gallas. Bis 1945 pflegten die Clam-Gallas Schloß und Museum mit ihrer reichen Ausstattung.

157 1930 hat einer der hervorragendsten sudetendeutschen Architekten, Josef Zasche, der sich durch seine Prager Verwaltungs- und Bürobauten einen Namen gemacht hat, seiner Heimatstadt GABLONZ ein Wahrzeichen geschaffen, die Herz-Jesu-Stadtpfarrkirche in modernem Backsteinstil. Von da geht der Rundblick zu den Bergen des Isergebirges und hinab zur Neiße-Talsperre. Den diesem städtebaulichen Akzent eingepaßten Rüdigerbrunnen Franz Metzners haben die heimatvertriebenen Einwohner dem tschechischen Staat abgekauft und vor der Neugablonzer Kirche aufgestellt.

158 Der Dichter des Isergebirges, Gustav Leutelt, hat die karge und doch wunderschöne Landschaft und das Wesen ihrer Menschen, der Kleinbauern und Heimarbeiter, in seinen Erzählungen geschildert. Wälder, bewaldete Bergkuppen über den Hochflächen und Wiesen zeichnen das Bild des westlichen, nicht so majestätischen Bergnachbarn des Riesengebirges aus. Ein Ferienparadies, auch für Skiläufer, ist KLEIN ISER mit seinen verstreuten Bauden. Der Buchberg, der sich über den Urgesteinformationen erhebt, gilt mit 1005 Metern ü. M. als höchster Basaltkegel in ganz Mitteleuropa.

159 Das HOCHMOOR auf einem der Iserkämme, unweit von Klein Iser, ist eine verwunschene Landschaft, wie man sie sonst nur noch stellenweise im Erzgebirge, im Riesengebirge und in den Altvaterbergen bei Reihwiesen (Sühnteich) antrifft. Die eigentlichen Moorstellen, für die die Fauna anderer Gebreiten typisch ist (so der Sonnentau), sind gesäumt von Latschen und Nadelwald halb urwaldhaften Charakters. Die köstlichsten Beeren wachsen in diesen Höhenlagen. Die fast gespenstische Atmosphäre der Landschaft prägte einen nach innen gekehrten Menschenschlag.

160 Bauden und Hotels im schlesischen Gebirgsstil sorgen für heimelige Aufnahme in den Sommerfrischen und Wintersportzentren, zu deren berühmtesten auf der böhmischen Seite, neben Spindelmühle an der Straße zum Spindelpaß, Petzer und dem südlich des Schwarzen Bergs liegenden alten Johannisbad, ST. PETER (hier mit Ziegenrücken) bei Spindelmühle gehört. Diese alten deutschen Orte an der Elbe und Großen Aupa haben vielfältige Tradition. Aus ihnen kamen Pioniere und Meister des Skisports. Sie sind Ausgangspunkte für Wanderungen zu den Berghängen, Kämmen und Kesseln.

161 Die hölzernen Laubenhäuser der Tuchmacher an der Hauptstraße in HOHENELBE, deren Stil die Renaissancefassade des Gasthauses zur Traube aufnimmt, gehören zu den Sehenswürdigkeiten der ehemaligen Bergbaustadt unter dem Riesengebirge. Wenig paßt zu ihnen die neugotische Kirche anstelle der alten Pfarrkirche. Das stattliche Renaissanceschloß (derer von Gendorf, Wallenstein, Morzin) ist mit seinen vier Türmen und sonstiger Zahlensymbolik auf die Einteilung des Jahres bezogen. Das Augustinerkloster und Holzhäuser enthalten Schätze des Riesengebirgsmuseums.

162 Die SCHNEEGRUBEN im westlichen Teil des Riesengebirges, unweit von Elbquelle und Elbfall, der Ziegenrücken, die von Petzer mit Sessellift erreichbare Schneekoppe, der höchste Berg zwischen Donau, Nord- und Ostsee, der Riesengrund — diese Höhen mit ihrem halbalpinen Charakter machen die Faszination des sagenumwobenen Gebirges verständlich. Bei jedem Wetter gewinnt die Urgesteinslandschaft ihren oft unheimlichen und nicht ungefährlichen Reiz. Zur schlesischen Seite hin, der Heimat des Dichters Gerhart Hauptmann, fällt der Kamm viel schroffer ab.

163 Der höchste Berg der Kronländer (1603 m) wurde von vielen Bergsteigern, so Goethe und Kleist, hymnisch gefeiert. Bei klarem Wetter überschaut man von der SCHNEEKOPPE die Sudetenketten, das böhmische Land bis Prag, das schlesische bis zum Zobten. Die Polen haben zur Kapelle St. Laurentius (spätes 17. Jh.), der alten Wetterwarte und der böhmischen Baude einen Rundbau (Wetterstation und Hotelrestaurant) gestellt. Ein Seil und Grenzer verwehren den Grenzübergang und das Begehen des Kammweges, heute „Weg der polnisch-tschechoslowakischen Freundschaft".

164 Die Erzdekanalkirche Mariä Geburt, ein spätbarockes Werk des Baumeisters Leopold Niederöcker, steht etwas abseits vom Hauptplatz in TRAUTENAU. Dessen Häuserfassaden, größtenteils im vorigen Jahrhundert nach Bränden erneuert, zeigen noch fast durchweg die alten Lauben. Der neugotische Rathausturm kontrastiert mit der barocken Dreifaltigkeitssäule und dem Rübezahlbrunnen von 1892. Von hier geht der Blick zur Schneekoppe. Die von Przemysl Ottokar II. gegründete deutsche Siedlung, zunächst nach dem Riesengebirgsfluß Aupa genannt, galt als die „Perle des Riesengebirges“. Die bodenständige Industrie umfaßt unterschiedlichste Zweige. Kennzeichnend waren die Garnerzeugung — sogar eine eigene Garnbörse gab es dort — und der Flachsmarkt. Das verlustreiche Gefecht am Kapellenberg brachte den Österreichern vor der entscheidenden Schlacht von Königgrätz den einzigen Sieg im Bruderkrieg. In der Parklandschaft oberhalb der Stadt erinnern Denkmäler an die kriegerische Begegnung.

165 In der Stadt SCHATZLAR (vor 1800 Bergstadtl) stehen noch einige ostriesengebirgische Holzlaubenhäuser. Vom Marktplatz steigt man, an der Mariensäule vorbei, zum Schloß hinauf; zunächst eine Grenzfeste, dann Raubritterburg, wurde es nach Zerstörungen und Bränden von den Jesuiten als Residenz des Provinzialats von St. Anna (Wien) barock erneuert, nach der Aufhebung des Ordens verstaatlicht. Neben Flachsspinnerei, Glas- und Porzellanindustrie waren die Steinkohlenbestände bestimmend, für deren Abbau nach 1945 viele Deutsche zurückgehalten wurden.

166 Die ADERSBACHER „Felsenstadt“ im Braunauer Ländchen wurde im 18., die Wekelsdorfer im 19. Jh. entdeckt. Das weitverzweigte Sandsteinlabyrinth dieser „Doppelstadt“ in der Waldlandschaft mit seinen bizarren Formationen bis zu 40 m Höhe, die Schluchten und Klammen regten die Volksphantasie zu kennzeichnenden Namen an. Unter vielen künstlerischen Zeugnissen ist die Folge von kolorierten Radierungen „Das Riesengebirge, nebst einigen Gegenden von Adersbach . . . von Anton Balzer, Kupferstecher und Landschaftszeichner, Prag 1794“ das bedeutendste. Die genauen Bildbeschreibungen des „Zuckerhut“, der „Kanzel“, des „berühmten Wasserfalls in den großen Kessel“ sprechen für das romantische Naturgefühl der Zeit. Friedrich der Große äußerte: „Wer nicht die Adersbacher Felsen, die Fürstenkapelle in Grüssau und die Totenkapelle in Sedlitz gesehen hat, der hat nicht die Natur, die Pracht und die Kunst gesehen.“ Goethe fand sich an den Hans-Heiling-Felsen im Egertal erinnert.

167 Obwohl der Monumentalbau des Benediktinerklosters das Stadtbild beherrscht, hat BRAUNAU selbst seine architektonischen Schwerpunkte: den Ring mit Rathaus (1542) und Mariensäule von J. Brokoff, die Pfarrkirche St. Peter und Paul, die Friedhofkapelle — älteste Holzkirche im Lande — und vor allem das von K. I. Dientzenhofer gebaute Stift. Der Einstellungsbefehl für den Bau von St. Wenzel, dem evangelischen Gotteshaus, von Abt Selender erzwungen, war 1618 einer der Anstöße („Klostergrab und Braunau!“) zur Erhebung gegen Habsburg und zum Dreißigjährigen Krieg.

168 Das ADLERGEBIRGE bildet die Grenze Böhmens nach Nordosten gegen den Glatzer Kessel. Landwirtschaftlich karg, landschaftlich von herbem und stillem Reiz, gehört es trotz seiner Abgelegenheit zu den schönsten Erholungsgebieten des Landes. Der wellige Gebirgszug, zumeist Nadelwälder, gipfelt in der Deschneyer Großkoppe mit 1114 m als seiner höchsten Erhebung. Von Neustadt an der Mettau bis Senftenberg i. B. liegen unter dem Gebirge und in den Tälern traditionsreiche Kleinstädte und Schlösser mit bedeutenden Sammlungen. Rokitnitz war der deutsche Hauptort.

169 Vom Städtchen führt eine Allee (im Volksmund „Die Lenda“ = Linden genannt) zur kunstreich gestalteten Heiligen Stiege mit dramatischen Passionsszenen, zur Wallfahrtskirche Mariä Himmelfahrt auf dem Muttergottesberg. Der Königgrätzer Bischof aus Grulich, Tobias Johannes Becker, hat sie 1706 mit dem Servitenkloster begründet. Der Beliebtheit des Gnadenortes folgten die weithin exportierten Krippenfiguren. GRULICH, östlichste Stadt Böhmens, mit Bergbautradition, später Textilerzeugung, liegt zwischen dem Adlergebirge und dem Spieglitzer Schneeberg.

170 KÖNIGGRÄTZ. Die Metropole Ostböhmens an der Mündung der Adler in die Elbe, Bischofssitz und Industriezentrum, war im Mittelalter Apanage der böhmischen Königinnen. Zu den prächtigsten Ensembles Böhmens gehört die Westseite des langgestreckten Marktes mit 19 m hoher Mariensäule, zweitürmigem gotischem Dom mit hohem Chor, dem „Weißen Turm" neben der kleinen Barockkirche St. Klemens und dem breiten zweitürmigen Rathaus (16. Jh.). Im Ortssteil des Platzes stehen die Marienkirche der Jesuiten und das Bischöfliche Palais, gegenüber die „Laubenhäuser".

171 Johann Wenzel Stamitz (Steinmetz), der Begründer der Mannheimer Schule, großer Geiger, Orchesterleiter, Komponist, wurde 1717 in DEUTSCHBROD geboren, das tschechisch von *Německý Brod* in *Havlíčkův Brod* umgetauft wurde, nach dem politischen Schriftsteller und Zeitungsmann, in dessen Familienhaus auf dem Markt eine Gedenkstätte eingerichtet ist. Von der Lage an der Furt über die Sasau kam der Name „Broda Teutonicalis – Deutsche Furt". Die durch den Silberbergbau aufblühende deutsche Bürgerstadt mit einer frühen Kommende des Deutschen Ritterordens, nach Kaiser Sigismunds Niederlage von den Hussiten zerstört, konnte sich nur langsam erholen. Das deutsche Element ging zurück in dieser ostböhmischen Insel, war aber noch prägend bis in die Zeit, in der Stamitz aufwuchs. Davon künden der Ring mit Renaissance-Rathaus, die Mariensäule und die Dekanalkirche Mariä Himmelfahrt mit mächtigem gotischem Turm und barocker Kuppel, Kloster und Kirche der Augustiner.

172 Die Barbarakirche, ein Gipfelwerk der Gotik, das Jesuitenkolleg und die Jakobskirche beherrschen die Silhouette der königlichen Bergstadt KUTTENBERG, die dank dem Silberreichtum im Mittelalter eine der reichsten und die größte Böhmens war. Der nach italienischen Münzmeistern genannte Wälsche Hof wirkt bescheidener, hatte aber als Münzstätte (auch tschechisch „preghaus“) und zeitweilige Königsresidenz große Bedeutung. Wenzels IV. Kuttenberger Dekret folgten die Provinzialisierung der Universität Prag und der Auszug der deutschen Professoren und Studenten.

173 Von der Karlsbrücke Peter Parlers, technisch wie ästhetisch ein Meisterwerk, offenbart sich PRAGS Panorama. Die gotisch-barocke Spannung der Kaiser- und Königsstadt ist besonders eindringlich in der Ansicht, die einige Heiligenfiguren über dem „Prager Venedig", das Paar der Kleinseitner Brückentürme mit dem Tor zur Brückengasse, Kuppel und Turm des Dientzenhofer-Baues der Kleinseitner Niklaskirche, die Burg mit St. Veitsdom, die romanische St. Georgsbasilika, darunter der charakteristische spitze Turm von St. Thomas, verbindet — Glanz und Glück von Jahrhunderten.

174 Die Kirche MARIA LORETO auf dem Hradschin behauptet sich in ihrer Grazie und Zierlichkeit gegenüber der pompösen Fassade des Czerninpalais. Im Zeichen der Marienverehrung nach der Schlacht am Weißen Berg wurde eine Nachbildung des italienischen Heiligtums, der Casa Santa in Loreto, errichtet, um das herum die Ambiten (Kapellen mit Umgang für Prozessionen) entstanden, als sich die Wallfahrten zum Gnadenbild ausbreiteten. Die Geburt-Christi-Kirche hinter dem „Heiligen Haus", die Umgänge, die im Obergeschoß eine weltberühmte Sammlung kostbarer Monstranzen, Gewänder und Kirchengeräte (Loreto-Schatz) beherbergen, und die Fassade mit dem Turm (darin das sagenumwobene, volkstümliche Glockenspiel Peter Naumanns von 1694, in Amsterdam gegossen) wurden von Christoph Dientzenhofer entworfen, von seinem Sohn Kilian Ignaz in die endgültige Form gebracht. Die Fassaden- und Geländerplastik, u. a. mit Bezügen zum Kapuzinerorden, stammt von J. Fr. Kohl und A. Ph. Quittainer.

175 Als Schutzort für Reichsinsignien und Reliquien ließ Karl IV. von Hofbaumeister Matthias von Arras in einem Seitental der Beraun BURG KARLSTEIN errichten, mit einer der Gralssaage entlehnten Symbolsprache. Kernstücke sind im Marienturm die Kapitelkirche der hl. Maria mit Wandmalereien aus der Lebensgeschichte des Kaisers und die Katharinenkapelle, im Großen Turm die Hl. Kreuzkapelle mit vergoldetem Sternengewölbe, Wänden aus großen böhmischen Halbedelsteinen und 128 bedeutsame „Porträts" des Meisters Theoderich, Köpfe aus christlicher Überlieferung.

176 Blend- und Ziergiebel und durchgehende Lauben verleihen den in großer Zahl dicht aneinandergefügten einstöckigen Bürgerhäusern bei aller Individualität jedes Bauwerks einen Reihencharakter, wie er in dieser Schönheit kaum einem anderen langgezogenen Platz mit Brunnen und Mariensäule eignet. Das Städtchen TELTSCH südlich der Iglauer Sprachinsel büßte nach der Hussitenzeit weitgehend seinen deutschen Einfluß ein. An die alte Geschichte erinnern das Schloß, einst Burg der Herren von Neuhaus aus dem Geschlecht der Witigonen, und die stattlichen Kirchen.

177 Wie durch ein kulturgeschichtliches Bilderbuch geht man, sieht man sich die vielen reich mit Sgraffiti geschmückten Häuserfronten an. Sie erzählen, auch mit lateinischen und deutschen Texten, von den Geschlechtern, der Reichs- und Landesgeschichte, der Antike, der Bibel und der Welt des Humanismus. Auf den gotischen Ursprung weisen im Innern einiger Patrizierhäuser köstliche Diamantgewölbe hin. Die aus einer Grenzfeste hervorgegangene alte Tuchmacherstadt ZLABINGS, einst die reichste Stadt Südmährens überhaupt, wird von der Pfarrkirche Mariä Himmelfahrt überragt.

178 An die Burg VÖTTAU in der Kette der historischen Grenzfesten, die von Zornstein, Freistein über Vöttau, Frain, Znaim, Nikolsburg bis Lundenburg reicht, ist seit dem Bau der Frainer Talsperre das Wasser der Thaya näher herangerückt. Der alte Ort versank. Seit 1936 ist der Stausee Erholungs- und Sportgebiet. Vöttau liegt nicht so romantisch wie das östliche Frain und ist kunstgeschichtlich weniger bedeutend, doch läßt sich an ihm ebensogut die Geschichte des Landes seit dem 11. Jh. studieren, von der Burg derer von Lichtenburg und Zornstein über die Vlašim, Daun, Haugwitz bis — in diesem Jahrhundert — zu den polnischen Zamoiski, den Fürsten Radziwill und dem Baron Georg Haas von Hasenfels, dem Besitzer der Porzellanfabrik Schlaggenwald. Das Renaissance- und Barockschloß wurde im Geist der Romantik von Franz Josef Graf Daun neugotisch umgestaltet und eingerichtet mit interessanten Schausammlungen: Möbel, Gemälde, Waffen, Zoologie.

179 Vom rechten Ufer der Thaya öffnet sich das königliche Panorama ZNAIMS, der ältesten Hauptstadt Mährens. Einige der Merkpunkte sind (links vom Bild) das Stiftsgebäude auf dem Pöltenberg, die przemyslidische Markgrafenburg (Museum, u. a. mit Sammlung heimischer Keramik, der bedeutendsten Mährens), die Rotunde St. Katharina mit romanischen Fresken (1134!), die hohe Hallenkirche St. Nikolaus (mit Weltkugelkanzel), davor die gotische Doppelkapelle St. Wenzel, der 80 m hohe Rathausturm des Niklas von Edelspitz mit Doppelhelm und einige Klosterbauten.

182 Die POLLAUER BERGE stehen wie ein Riegel in der südmährischen Landschaft, umgeben von Feldern, Obstgärten, Büschen und Weinbergen über dem Thaya-Fluß. Auf der höchsten der runden Kalksteinkuppen (550 m) erhebt sich die sagenumwobene Ruine der Maidenburg, einst Stützpunkt der Tempelherren. Hier ist uraltes Nomaden- und Siedlungsland, das viele Völker gesehen hat. Die Funde reichen bis 50000 Jahre v. Chr. zurück. Der berühmteste ist die heute im Brünner Landesmuseum befindliche Venus von Unter Wisternitz, ein Figürchen aus einer Mammutjägerstation.

183 Auf dem Petersberg in BRÜNN, wo die erste Markgrafenburg stand — dem anderen städtebaulichen Akzent der Landeshauptstadt seit 1641 —, gegenüber dem Spielberg (zuerst königliche Burg Przemysl Ottokars II., dann Festung und Staatsgefängnis), erhebt sich der DOM St. Peter und Paul. Sein neugotisches Gewand erstreckt sich vornehmlich auf die Türme. Die infolge der Beschießung durch die Schweden 1645 stark beeinträchtigte gotische Substanz zeigt sich im Chor und an der Fassade mit der Außenkanzel am Seitentor, von der der Franziskaner Johann von Capistran zum Kampf gegen die Hussiten aufrief. Das hohe Schiff ist barockisiert. Hervorragende Sakralbauten sind die Kirchen St. Jakob (spätgotische Halle, 92 m hoher Turm), St. Thomas, die Minoritenkirche, St. Michael (Dominikaner), die Jesuitenkirche und unter dem Spielberg das Altbrünner Königinkloster der Augustiner, an dem ein Museum an den Abt Johann Gregor Mendel und seine Erbgesetze erinnert.

184 Über mehrere Gebäude sind die Sammlungen des Mährischen Landesmuseums in BRÜNN verteilt. Der Hauptbau, das ehemalige Palais Dietrichstein am Krautmarkt mit Parnaß-Brunnen, wird restauriert. Zur archäologischen Abteilung gelangt man durch den Bischofshof mit Merkur-Brunnen und Arkaden unter dem Petersberg. Hervorragende Profanbauten der vor den Eingemeindungen nach 1919 mehrheitlich deutschen Stadt sind das Ständehaus und das Alte Rathaus mit charakteristischem Turm und spätgotischem Portal Anton Pilgrams, zuletzt Wiens Dombaumeister.

185 Im Vorort „Vorkloster“ des nordwestlich von Brünn an der Schwarza gelegenen Industriestädtchens TISCHNOWITZ mit historischem Kern liegt das ehemalige Zisterzienserinnenkloster „Porta Coeli“ (Himmelspforte). Neben dem Kreuzgang und dem Kapitelsaal ist das bedeutendste Kunstwerk die spätromanisch-frühgotische Himmelspforte am Westportal der Kirche Mariä Himmelfahrt. 1233, drei Jahre nach dem Tod Przemysl Ottokars I., gründete seine Witwe Konstanze von Ungarn das Stift. Sie ist mit Sohn Wenzel I. im Bogenfeld des Portals, unter Christus knieend, verewigt.

186 Als Hauptort der Wischauer Sprachinsel, mit ihrem bis in die Gegenwart ursprünglich erhaltenen reichen Brauchtum (Bauernhöfe, täglich getragene Trachten!) hat sich WISCHAU viel von der ländlichen Behäbigkeit in der mittelmährischen Hanna bewahrt. In der Stadt war, im Unterschied zu den umliegenden Dörfern, das deutsche Element in diesem Jahrhundert zusammengeschmolzen. Im Schloß, das seit einem Brand um die Mitte des 18. Jh. an Bedeutung verloren hatte, wurde ein kulturgeschichtliches Museum untergebracht, vornehmlich für die bodenständige Keramik.

187 In einer Ecke des laubengeschmückten Hauptplatzes der Stadt KREMSIER mit Brunnen und Mariensäule steht festungsartig die Sommerresidenz der Olmützer Bischöfe, aus der Burg des 12. Jh. von G. P. Tencalla barock umgebaut, mit Prunksälen, Fresken, so von Anton Maulbertsch, und der nach der Nationalgalerie kostbarsten Bildersammlung des Staates. Der Park am anderen Stadtende mit über 200 m Kolonnade und Orangerie wurde in Europa berühmt. In der Bischofsgruft ruht Bruno von Schaumburg. Im Schloß tagte während der Revolution 1848/49 der Wiener Reichsrat.

190 „Diese nordmährische Stadt ist eine typische Repräsentantin einer zur Zeit der gotischen Kolonisation auf einem regelmäßigen rechtwinkligen Grundriß angelegten Stadt" (Die Städtischen Denkmalsreservationen, Prag 1980). Das Rathaus in MÄHRISCH TRÜBAU, außen Renaissance, innen Gotik, steht, bis zum barocken Rundturm, in reizvoller Spannung zur Dekanalkirche Mariä Himmelfahrt. Unter Ladislaus von Boskowitz wurde das Schloß mit den prächtigen Renaissancearkaden (später zierotinisch, liechtensteinisch) humanistischer Treffpunkt als „Mährisches Athen".

191 Der KRATSCHEN (schlesisch „Kretscham") im ostböhmischen, zum Schönhengst gehörenden Städtchen, ist neben dem Renaissancerathaus mit Turm, der Wenzelskirche, dem Augustinerkloster und dem Schloß der bemerkenswerteste Bau der an Bürgerhäusern reichen Industrie- (Tabak, Papierhülsen) und Schulstadt (1930: 6497 Einwohner). Der Gasthof (Gerichtsstätte) ist Paradebeispiel für die heimische Bauweise mit Vorlaube. In LANDSKRON ist 1534 Michael Weiße gestorben, Prediger, Verfasser des Gesangbuchs der deutschen Gemeinde der Böhmischen Brüder.

192 Über dem Städtchen MÄHRISCH AUSSEE, etwas abseits vom Schönhengstgau, erhebt sich, angebaut an eine mittelalterliche, zeitweise markgräfliche Burg, das für die Liechtenstein von Domenico Martinelli entworfene frühbarocke Schloß. Fürst Johannes II. hat darin um 1900 das vielbesuchte einzigartige Jagd- und Forstmuseum gegründet. Die reichen naturwissenschaftlichen Sammlungen und Jagdtrophäen aus dem Umkreis und von Expeditionen bis nach Afrika bildeten hierzu den Grundstock. Kulturgeschichtlich bedeutsam u. a. durch einen alten jüdischen Friedhof.

193 Zu den markantesten Stadtbildern Mährens zählt STERNBERG mit Schloß und imposanter Propsteikirche Mariä Verkündigung aus dem letzten Viertel des 18. Jh. Albert von Sternberg, Gründer der Sternberger Augustiner-Kanonie, Erzbischof von Magdeburg, Primas von Deutschland, Vertrauter Karls IV., ist in ihr bestattet. Die Burg, im 13. Jh. vom Gründer des böhmischen Sternberg erbaut, 1695–1945 liechtensteinisch, enthält ein Uhrenmuseum aus örtlicher Industrietradition und als bedeutendstes Kunstwerk ein liebenswertes Beispiel der „Schönen Madonnen“.

194 Die Pfarrkirche zu MÄHRISCH SCHÖNBERG in zu spannungsreicher Einheit aus der Stilabfolge zusammengewachsener Gestalt, die Pestsäule, das Neurenaissance-Rathaus, vor dem Ersten Weltkrieg gebaut, das aus einer markgräflichen Burg hervorgegangene Zierotin-Schloß sind städtebauliche Elemente einer durch die Textilindustrie und als Sitz von Fach- und höheren Schulen zu neuer Bedeutung gelangten nordmährischen Metropole. Der Geburtsort Leo Slezaks hat heute an Glanz eingebüßt, ist aber immer noch Ausgangspunkt für Fahrten ins Teßtal und Altvatergebiet.

195 Die dramatisch bewegte Spätbarockfigur des Christus auf dem Ölberg (volkstümlich ÖLVATER) aus Sandstein, zwischen Feldern, Wiesen und Wäldern in der Berglandschaft an der Straße von Neudorf (Alt) nach HOHENSEIBERSDORF im Kreis Mährisch Schönberg, unweit des Glatzer oder Spieglitzer Schneebergs, ist eine Stiftung des hochangesehenen Großvaters des Komponisten Franz Schubert. „Aufgerichtet von einem unwürdigen Liebhaber Karl Schubert aus Neydorff Nr. 41 anno 1780“ lautet eine Sockelinschrift. Von hier ging der Blick auch zum — verschwundenen — Schuberthof, einem für das Altvaterland typischen schlesischen Bauernhaus, an dem 1928 eine marmorne Gedenktafel angebracht wurde. Nach den väterlichen Ahnen des Komponisten Franz Schubert wurde Neudorf in Schubert-Neudorf umbegannt. Die Mutter stammte aus Zuckmantel unter der Bischofskoppe im Kreis Freiwaldau. Die Eltern wanderten nach Wien aus. Nordmährisch-schlesisches Wesen ist im romantischen Schaffen Franz Schuberts verkörpert.

196 Besonders in Nordmähren und Sudetenschlesien hatte und hat das Hannsdorfer Bier einen ähnlich guten Ruf wie das Pilsner. Seine Bekömmlichkeit wird hauptsächlich auf das Quellwasser zurückgeführt. Neben der Brauerei bedingen Flachsspinnereien und eine Marmelade- und Fruchtsaftfabrik die wirtschaftliche Bedeutung neben dem Fremdenverkehr. HANNSDORF im oberen Marchtal an der besonders schönen Bahnstrecke durch das Gebirge (Eisenbahnknotenpunkt) ist Ausgangspunkt für Wanderungen in die Gebiete des Spieglitzer Schneebergs und des Hohen Gesenkes.

197 Die Papiermühle in GROSS ULLERSDORF aus dem Jahre 1516 erinnert an die Traditon einer der letzten europäischen Erzeugungsstätten des handgeschöpften Bütten, die noch in Betrieb ist, verbunden mit einem kleinen Papiermuseum. Der Komplex steht im Teßtal zwischem dem von den Zierotin erbauten, bis 1945 von den Fürsten von Liechtenstein bewohnten Schloß mit prächtigem Renaissance-Arkadenhof und historischen Räumen (Erscheinung der Weißen Frau, die Grillparzer zum Drama seiner „Ahnfrau" angeregt haben soll) und dem ländlich erholsamen Schwefelkurort.

198 Der ROTENBERGPASS ist der höchste Sattel (1011 m) des Gesenkes an der Grenze zwischen Mähren und Schlesien. Über ihn führt die Straße von Mährisch Schönberg aus dem Teßtal mit seinen Fremdenverkehrs- und Kurorten, zuoberst Winkelsdorf, weiter ins Bieletal über die Waldhufenorte Philippsdorf und Thomasdorf nach Freiwaldau und in einer Straßengabelung nach Karlsbrunn. Die Schutzhäuser am Paß, einst Zeichen für deutsch-tschechischen Wettbewerb, laden ein zu Rast, zu Wanderungen und zum Skilauf nach dem nahen Heidebrünnel oder auf den Kammwegen.

199 Die alte Bergbaustadt GOLDENSTEIN östlich von Mährisch Altstadt ist Ausgangspunkt für Ausflüge in den nördlichen Teil des Altvatergebirges mit Hochschar und Kepernik. Die Silhouette des auf einer Anhöhe zusammengedrängten Stadtkerns (1930 wenig über 1000 Einwohner) wird überragt vom Turm der Pfarrkirche St. Michael, einem Renaissancebau, zunächst für die evangelische Gemeinde errichtet. Daneben hebt sich das Rathaus ab, etwas weiter das nach der Schlacht am Weißen Berg liechtensteinisch gewordene Schloß, vordem Burg u. a. der Herren von Würben.

204 Drei Kilometer westlich der Kreisstadt Römerstadt steht in einem stillen Park das heute Archivzwecken dienende Schloß JANOWITZ, eines der vielen beachtenswerten Schlösser im Ostsudetenland. Die alte Burg war einer der Stützpunkte zum Schutz der Fernstraße durch das Gesenke. Das Renaissanceschloß, von dem in Mährisch Schönberg ansässigen Peter von Zierotin errichtet, gehörte später den Hoffmann von Grünbüchl (barocke Aus- und Umbauten durch den italienischen Architekten Alexander Cannevalo), Dietrichstein, Harrach (letzter Ausbau durch G. Weißer).

205 Der Hof des Deutschordens-Schlosses mit den Doppelarkaden gehört zum Renaissancebau. Der Stiegentrakt, die repräsentative Fassade und die Inneneinrichtung mit prächtigen Kaminen und Lüstern kamen unter dem Hochmeister Carl Alexander hinzu, als das Schloß barockisiert wurde. FREUDENTHAL, Bergbaustadt unter dem Vulkankegel des Köhlerbergs (mit Wallfahrtskirche), kann die älteste Beurkundung eines Stadtrechts (Magdeburger Recht) in Mähren und Schlesien nachweisen (1224). Der letzte Przemyslidenherzog der Troppauer Nebenlinie verkaufte die Herrschaft, die seit 1377 zum Herzogtum Jägerndorf gehörte, an Johann von Würben. Gräber des Geschlechts sind an der spätgotischen Pfarrkirche erhalten. Ein Nachfahre stand gegen Habsburg — so konnte 1621 Hochmeister Erzherzog Carl, der Bruder Kaiser Ferdinands II., den konfiszierten Besitz für den Orden erwerben. Dank dem hervorragenden Hoch- und Deutschmeister Johann Caspar von Anspringen wurde Freudenthal von 1682—1684 sogar eigenes Fürstentum.

206 Wenn auch die Hochmeister sich selten im Schloß FREUDENTHAL aufhielten, gewann es bald den Charakter einer repräsentativen Residenz, zumal es so etwas wie eine Sommersitz wurde, seit Wien nach der Auflösung des Ritterordens im Bereich des Rheinbunds durch Napoleon (1809) Mergentheim als Ordensresidenz abgelöst hatte. Von hier aus, dem Altvatervorland mit den großen Besitzungen, Wäldern und Heilquellen, wurde, verstärkt nach der Reform des Ordens im vergangenen Jahrhundert, ein Netz schulischer und humanitärer Einrichtungen, besonders der Krankenpflege, aufgebaut. Mitglieder des Hauses Habsburg waren Hoch- und Deutschmeister — bis zum Jahre 1923, der freiwilligen Resignation Erzherzogs Eugens. Die heute musealen Bestände zeigen Erinnerungen an die Ordensgeschichte, so im Audienzsaal das Bild eines RITTERSCHLAGS nach historischem Zeremoniell (1801). Die Erinnerungen an die in einem Haus am Marktplatz geborene Wiener Volksschauspielerin Therese Krones sind leider magaziniert.

207 1377 wurde JÄGERNDORF, aus dem Herzogtum Troppau herausgelöst, ein eigenes Herzogtum. Die Markgrafen von Ansbach-Brandenburg erwarben es 1529 von den Schellenberg und bauten ein Schloß, das trotz barocker Veränderungen durch die Renaissancearkaden geprägt ist. Carl von Liechtenstein, dem der protestantische Ansbacher das Herzogtum abtreten mußte, nutzte es wie seine Nachfolger für Verwaltungszwecke. Internationalen Ruf erlangte die Stadt durch Tuch- und Webstuhlerzeugung (Webfachschule!) und die Orgelfabrik Rieger, heute in Vorarlberg.

208 Unter den vier größten Kirchen TROPPAUS ist die St. Georgskirche (jetzt Hl. Adalbert) die jüngste (1675 begonnen, abgeschlossen 1681 nach dem Beispiel von Il Gesù in Rom), als „Perle Schlesiens“ berühmt. In der Karwoche 1945 wurde sie ein Opfer sowjetischer Brandbomben. Heute steht sie in neuem Glanz da. Nicht alle Kunstwerke konnten wiederhergestellt werden. Der hier sichtbare linke Flügel des ehemaligen Jesuitenklosters ist ein Teil der städtbaulich den Niederring beherrschenden Anlage, welche die repräsentative Herrengasse im Norden abschließt. Nach der Säkularisierung diente der Klosterbau Landesämtern der Statthalterei („Altes Landhaus“) als Unterkunft. Bis 1870 beherbergte er das 1630 von den Jesuiten begründete deutsche Gymnasium (prominente Schüler: Erbforscher Johann Gregor Mendel und Bauernbefreier Hans Kudlich), und bis 1945 das naturwissenschaftliche Gymnasialmuseum, ältestes Museum der Kronländer (1814 gegründet). Rechts im Hintergrund ein Teil des „Neuen Landhauses“.

209 Von den vielen Windmühlen im Niederen Gesenke stehen im Bereich von Leitersdorf, etwa 12 km südwestlich von Troppau, noch drei. Die hier abgebildete im Dorf CHOLTITZ, das Leitersdorf nach dem Krieg eingemeindet wurde, ist restauriert worden und ist ein Anziehungspunkt in der Gegend, welche schon früher die Bevölkerung der schlesischen Hauptstadt gerne zur Erholung aufsuchte. Das ist eine alte Kulturlandschaft an der wichtigen Verbindungsstraße von Olmütz nach Troppau. Burgen, Landschlösser, kleine Heilbäder, eine Talsperre prägen das Land an der Mohra, die bei Troppau in die Oppa mündet. Aus der Zeit des Troppauer Kongresses (1820) gibt es ein Aquarell, eine Stadtansicht vom Piltscher Berg jenseits der Oppa, das einen anderen Windmühlentypus zeigt.

210 Von der Reichsstraße nach Hultschin, fünf Kilometer östlich Troppaus, führt eine 400 m lange Lindenallee zu einem der schönsten Schlösser im Oppaland. Krawarn (seit 1629 DEUTSCH KRAWARN), neben dem sich einer der stattlichsten Orte des Hultschiner Ländchens entwickelte, gehörte von 1634 an den Freiherren von Eichendorff. Johann Rudolf ließ das prächtige Schloß bauen, das der Vater des Dichters Joseph Freiherr von Eichendorff 1781 aus wirtschaftlichen Gründen an Oberhofmarschall Anton Graf von Schaffgotsch verkaufte. Das zweimal ausgebrannte Schloß ist in der baulichen Substanz erhalten. Es dient als „Museum der Operation Ostrau", der verlustreichen Durchbruchsschlacht der Sowjets 1945. Der Bau wird dem Reichsstil eines Fischer von Erlach oder Lucas von Hildebrandt zugeschrieben. Das prächtige Kuppelfresko der in den weiten Park ausgewölbten Kapelle zeigt Mariä Himmelfahrt. Spuren der alten Wasserburg der Przemysliden und der mit ihnen versippten einflußreichen Herren von Krawarn wurden ausgegraben.

211 Der Volksspruch „Hof, Bautsch un Bärn sein die größten Städt'ei Mähr'n" ist Ausdruck des Spotts, aber auch der Liebe zur Heimat. Gemeinsam ist den drei einst fast rein deutschen Städtchen die Bergbautradition. In BAUTSCH, dem mit 4000 Einwohnern (1930) größten Orte, wurde Silber und Blei geschürft. Später waren die Haupteinnahmequellen Schafwoll-, Tuch-, Teppich- und Tabakerzeugnisse. Die Kirche Mariä Himmelfahrt im gastfreundlichen und an Gaststätten reichen Bautsch erbaute der Fulneker Barockarchitekt Nikolaus Thalherr für den Olmützer Fürstbischof.

212 Die Alte Post in NEUTITSCHEIN mit den zweigeschossigen Renaissancearkaden ist ein Blickfang des fast quardratischen Marktplatzes mit den Laubengängen ringsum, dem Rathaus, der sich hinter dem einen Eck erhebenden Dekanalkirche Mariä Himmelfahrt und dem Stadtturm. Das aus einer gotischen Burg hervorgegangene Stadtschloß birgt, aus privater Initiative erwachsen, ein in der Welt einzigartiges Hutmachermuseum, das auf den Weltruf der Neutitscheiner Hutindustrie hinweist. Unter der Mariensäule erinnert der von dem Bildhauer Franz Barwig geschaffene Bauernbrunnen an die alte und reiche Volkskultur dieser mährisch-schlesischen Landschaft. Neben der Viehzucht im Kuhländchen, der Hut- und Tuchmacherei und der Tabakerzeugung in der Hauptstadt erwuchs ab der Mitte des 19. Jh. im östlich gelegenen Nesselsdorf die Weltfirma der Nesselsdorfer Wagenbau-Gesellschaft (später als Tatra-Werke berühmt geworden), die an die Namen der bahnbrechenden Konstrukteure Hans Ledwinka und Ferdinand Porsche gebunden ist.

213 Von dem zum Aussichtsturm ausgebauten Bergfried der gotischen Burgruine Strahlenberg (Strallenberg) aus reicht die Sicht bis weit in die Beskiden. Der Turm, vielbesungen und oft gemalt, erhielt im Volksmund den Namen „Röhre". Unter der alten Grenzfestung STRAMBERG gründete Markgraf Johann 1359 das Städtchen mit Olmützer (Magdeburger) Recht. In der Stadt, deren deutscher Anteil nach dem Dreißigjährigen Krieg stetig zurückging, herrschten Tuchmacher vor. Typisch sind die wallachischen Holzhäuser um den Platz mit St. Johanneskirche und Rathaus.

214 Das hübsche Rathaus im Barockstil steht auf dem geräumigen Ringplatz gegenüber der barockisierten gotischen Pfarrkirche. Barock bietet sich heute auch das ursprüngliche Renaissanceschloß dar, das auf einen älteren Bau zurückgeht. Es hat unter den Kämpfen am Schluß des Zweiten Weltkrieges schwer gelitten. Die Besitzer von WAGSTADT wechselten häufig. Wok von Krawarn, der die Stadt 1329 mit Leobschützer Recht neu gründete, dürfte der Urheber ihres Namens (Wockinstat) sein. Wagstadt liegt nördlich der Oder im schlesischen Teil des Kuhländchens.

215 Man kann sich heute kaum das altväterische Städtchen vorstellen, von dem Gustav Freytag am Beginn seines Romans „Soll und Haben“ spricht. Doch gibt es heute noch Spuren der alten deutschen Tuchmacherstadt MÄHRISCH OSTRAU an der Mündung der Ostrawitza in die Oder, 1267 als Grenzfeste vom Olmützer Bischof Bruno von Schaumburg gegründet. Auch als Ostrau Zentrum des Kohlen- und Industriereviers wurde, war es vorwiegend deutsch. Aus der Gründungszeit stammt die restaurierte Wenzelskirche. Auch das Rathaus (hinten im Bild) ist mit Barockturm erhalten.

216 Das Bild zeigt eine abendliche Stimmungsaufnahme eines kleinen Ausschnittes aus dem nordmährischen Industriegebiet um OSTRAU, das, vornehmlich aufgrund der Steinkohlengruben, mit dem oberschlesischen Bereich der Schächte und Schlote zusammenhängt. Um den alten, historisch gewachsenen Kern hat sich aus vielen verschiedenartigen Siedlungen, darunter neueren von Häuern und Arbeitern in der Schwerindustrie, ein riesiges Konglomerat zusammengebraut, das als Verwaltungszentrum des Bezirks Nordmähren die alten Hauptstädte Olmütz und Troppau verdrängte.

Deutsche Siedlungsgebiete in Böhmen und Mähren-Schlesien

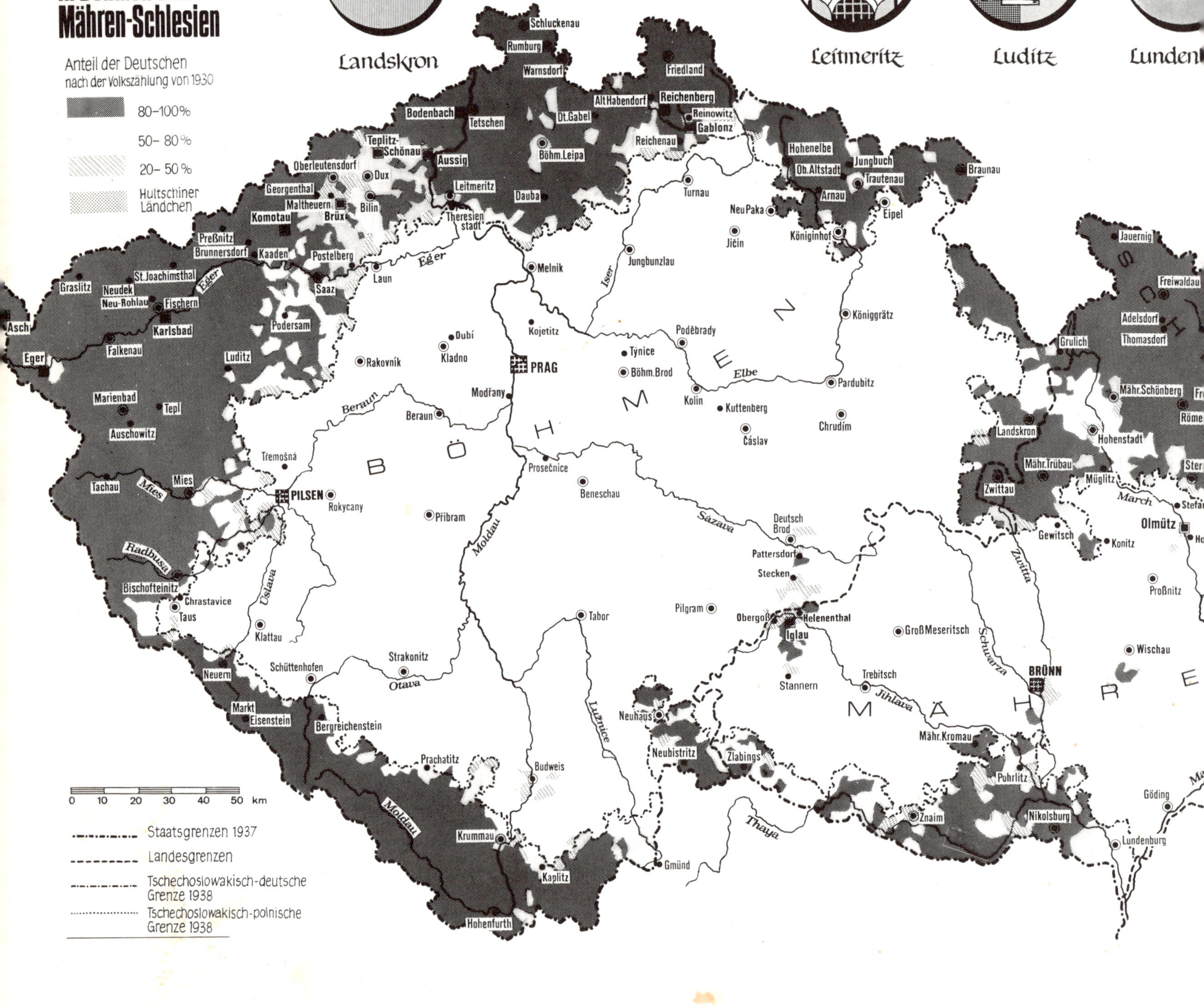